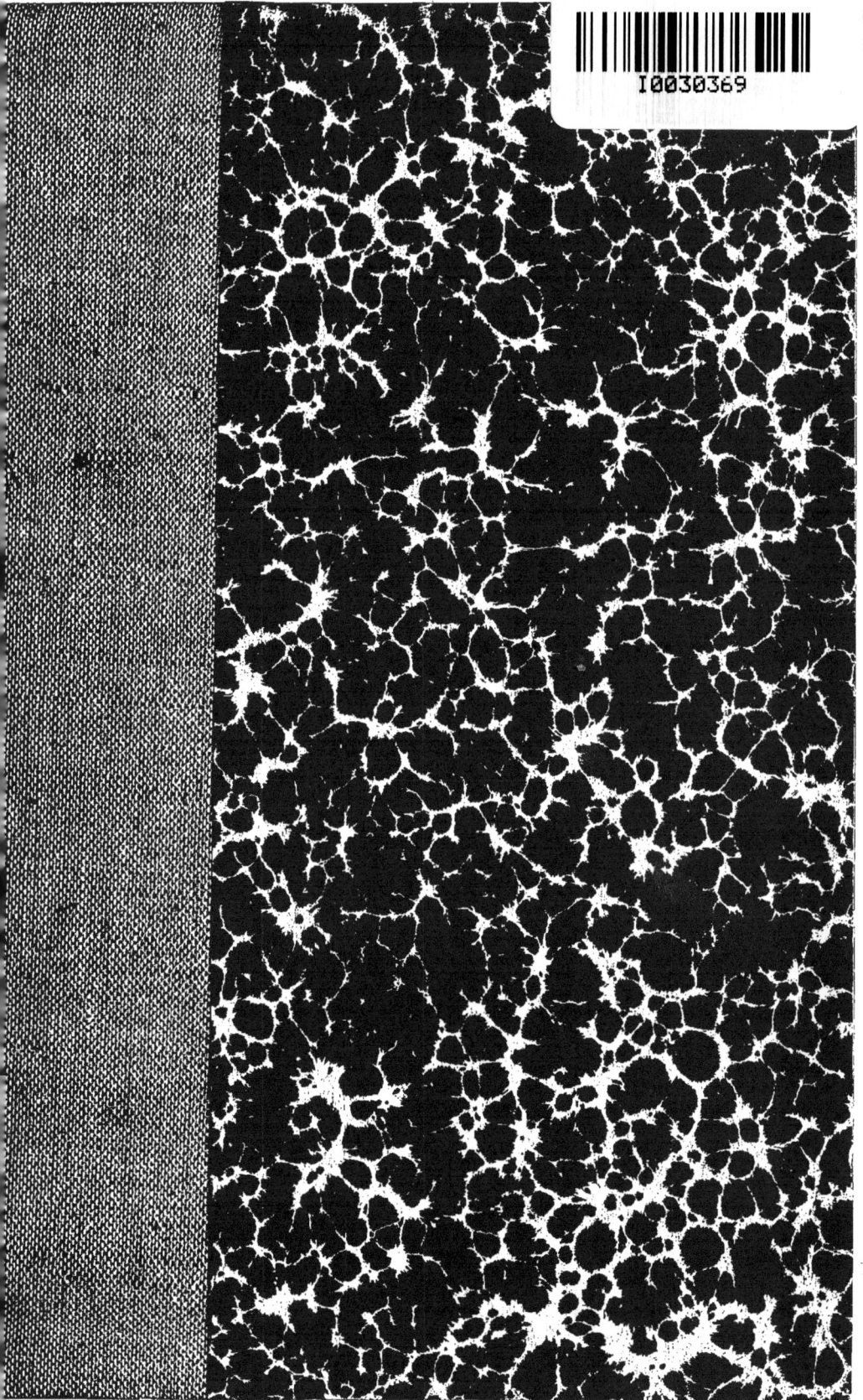

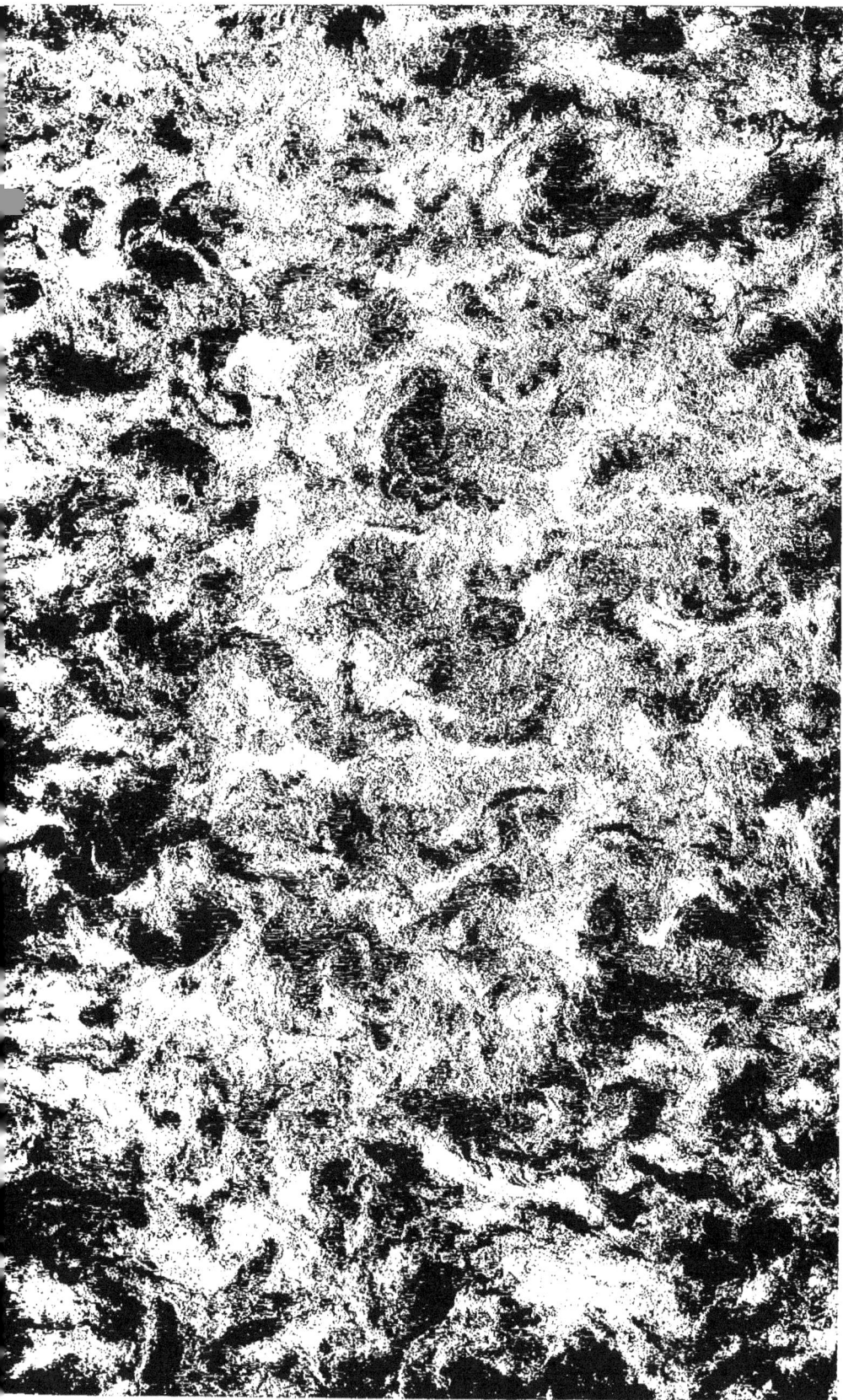

UNIVERSITÉ DE FRANCE — FACULTÉ DE DROIT DE DIJON

DU PARTAGE DE L'AFFOUAGE

DANS LES

BOIS COMMUNAUX

THÈSE POUR LE DOCTORAT

SOUTENUE LE VENDREDI 12 JUILLET 1895

PAR

LÉON GERMAIN

Avocat à la Cour d'Appel de Dijon

Sous la Présidence de M. MONGIN, professeur

SUFFRAGANTS : { MM. DESSERTEAUX, professeur.
DESLANDRES, agrégé.

SALINS

IMPRIMERIE LÉON BOUVIER

—

1895

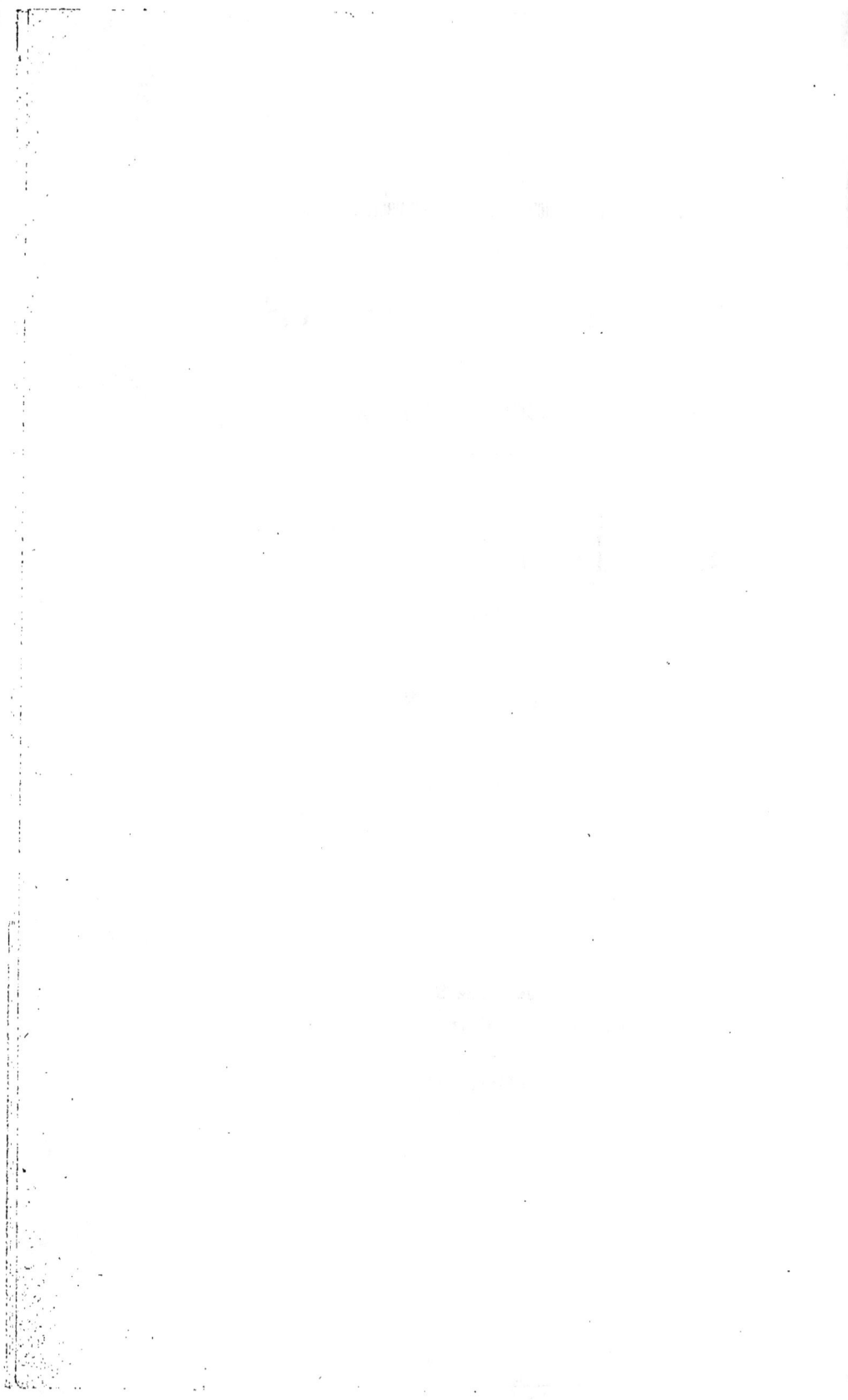

THÈSE POUR LE DOCTORAT

2392

UNIVERSITÉ DE FRANCE — FACULTÉ DE DROIT DE DIJON

DU PARTAGE DE L'AFFOUAGE

DANS LES

BOIS COMMUNAUX

THÈSE POUR LE DOCTORAT

SOUTENUE LE VENDREDI 12 JUILLET 1895

PAR

LÉON GERMAIN

Avocat à la Cour d'Appel de Dijon

Sous la Présidence de M. MONGIN, professeur

SUFFRAGANTS : { MM. DESSERTEAUX, professeur.
DESLANDRES, agrégé.

SALINS

IMPRIMERIE LÉON BOUVIER

—

1895

A MES PARENTS

A Monsieur Adolphe LELIÈVRE

SÉNATEUR DU JURA

DU PARTAGE DE L'AFFOUAGE

DANS LES

BOIS COMMUNAUX

CHAPITRE PRÉLIMINAIRE

1.

ORIGINE ET DÉVELOPPEMENT DE LA PROPRIÉTÉ FORESTIÈRE COMMUNALE A ROME.

La notion de la propriété forestière communale à Rome n'atteignit son parfait développement que vers la fin de l'Empire : il n'est donc pas sans intérêt d'en étudier l'exégèse.

A l'origine, toutes les forêts étaient entre les mains de l'Etat : leur utilité incontestable leur avait permis en effet d'échapper à toute appropriation privée et elles ne pouvaient sortir du domaine public qu'en devenant *Res Divini Juris*.

Mais l'Etat, propriétaire des forêts, en concédait fréquemment la jouissance aux villes conquises. Ce fut la situation faite tout d'abord aux cités qui, sans s'épuiser en des luttes inutiles, avaient reconnu d'elles-mêmes la suprématie politique de Rome. Puis, cet avantage fut étendu à la plupart des Municipes qui, à condition de payer l'impôt, jouissaient des grands pâturages et des forêts laissés dans l'indivision pour l'utilité et l'usage de la communauté (1).

Toutefois, si l'existence de ces concessions est indéniable, il est bien difficile, en présence de la diversité du régime municipal romain, de déterminer exactement la nature et l'étendue des droits qu'acquéraient les villes bénéficiaires. En effet, dans cette République romaine qui remporte de si belles victoires, il n'y a pas de mesures générales : là un municipe *optimo jure* et à quelques milles une ville de *Dediticii*.

Une seule chose certaine, un seul point commun, c'est que ces villes n'ont que la jouissance des forêts ; elles se trouvent dans la même situation que certains collèges dont les biens étaient chose publique (2) ; l'Etat conserve la propriété suprème sur l'*Ager Publicus* et par conséquent sur les forêts, dans toute l'étendue de la République (3). Ce qui le prouve principalement, c'est la confiscation que Rome opère sur les terres des villes qui ne lui ont pas été fidèles : ainsi, en 211, après un séjour d'Annibal à Capoue et la trahison de ce municipe *optimo jure*, cette cité perd la jouissance des forêts et de l'*Ager Publicus* qui lui avait été déléguée, et le Sénat décide que tous les biens

(1) Serrigny, *Droit administratif romain,* p. 58. — Villems, *Droit Public Romain,* p. 355-356.

(2) Savigny, *System,* II, 253. — L. 1, § 22, D. *De Adquir. vel amitt. posses.* XLI, 2.

(3) Des Chesnes, *La législation forestière dans l'antiquité romaine,* p. 11-12.

dont elle avait l'usage seront repris par le domaine public (1).

Puis, à la fin de la République, lorsque le droit est arrivé à son complet développement, une transformation s'opère dans la condition des villes. Chaque cité forme dès lors une petite République ayant son administration et ses droits spéciaux. L'Etat est toujours propriétaire de toutes les terres de l'*Ager Publicus,* mais son droit s'est restreint peu à peu en même temps que grandissait celui des municipes et des colonies. La simple jouissance forestière qui leur avait été primitivement concédée s'est en effet transformée : elle constitue maintenant une possession véritable, dont la ville ne peut être dépouillée arbitrairement.

C'est ce qui résulte d'un senatus-consulte conservé sur une table d'airain qui fut découverte en 1506 dans le territoire de Gênes (2). Ce senatus-consulte, qui, d'après M. des Chesnes, date de l'an 600 de Rome, n'emploie jamais que le mot *possidere* en parlant des droits concédés aux Génois et à d'autres habitants des villes, sur des forêts voisines, marquant bien ainsi le caractère du droit nouveau appartenant aux cités (3).

D'ailleurs, à cette époque, toute réunion d'habitants peut posséder des forêts et ce n'est plus le droit exclusif des *Civitates* ou des *Municipia.* Les *Vici* eux-mêmes pouvant, suivant Gaius, recevoir des legs, sont par conséquent capables de posséder. Plusieurs textes du Digeste (4) établissent d'une manière générale une distinction très

(1) Tite-Live, XXVI, 15.
(2) Orellius, *Inscription,* n° 3121, T. II, p. 40.
(3) Des Chesnes, op. cit., p. 18.
(4) L. 2, L. 7, § 1. D, *quod cujuscunque universt. nomine vel contr. eam agatur,* III, 4.

marquée entre la personnalité de la cité et celle des membres qui la composent. Et, de même qu'une dette due à la ville n'est pas due à chacun des habitants, de même la forêt qu'aura reçue la ville sera à elle seule et non aux habitants. La cité, par conséquent, pourra profiter seule de son droit et n'accorder aux citoyens que les permissions qu'elle jugera suffisantes.

Enfin, sous l'Empire, l'Etat perd insensiblement son *Dominium* général sur l'*Ager Publicus*. Un édit de Domitien mit fin aux dernières questions soulevées au sujet de ce qui restait du domaine de l'Etat en Italie, en concédant aux possesseurs le droit de s'approprier les *Subseciva*, c'est-à-dire les terres non limitées, et en transformant les possessions en pleine propriété.

Les forêts appartiennent désormais entièrement aux cités et le droit général de propriété de l'Etat n'est plus qu'un souvenir ancien qui se manifeste en pratique par l'existence d'un impôt, du paiement duquel la cité propriétaire est responsable.

L'existence de cette propriété forestière communale ne peut présenter aucun doute devant les affirmations des Agrimensores. Aggenus Urbicus *(de Controversiá agrorum)* s'exprime ainsi : « *Relicta sunt et multa loca quæ veteranis data non sunt. Hæc variis appelationibus per regiones nominantur in Etruria — Communalia — vocantur : quibusdam provinciis, pro indivisa hæc fere omnia certis personis data sunt depascenda* » (1).

Cette opinion, d'ailleurs, n'est pas isolée. Isidore dit à

_____

(1) GIRAUD, *Rei agraræ Scriptorum*, p. 46. — On sait qu'en droit romain, une grande partie des forêts était consacrée exclusivement au pacage.

ce sujet : « *Compascuus ager dictus, qui a divisoribus agrorum relictus est ad pascendum communiter vicaneis* » (1).

Afin de distinguer ces biens communaux des propriétés particulières, suivant Hygin *(de Limitibus)*, les Romains plaçaient des inscriptions sur les limites des pâturages communs ; ces inscriptions étaient par exemple ainsi conçues : « *Pascua publica coloniæ Juliæ Constantiæ : compascua Juliensium, silva, et pascua opulentinorum...,* etc. »

Frontin disait encore à ce propos : « *Sunt autem loca publica hæ quæ inscribuntur ut silvæ et pascua publica Augustinorum. Hæc videntur hominibus data quæ etiam vendere possunt. Est alia inscriptio quæ diversa significatio videtur esse, in quo loco inscribitur : silva et pascua, aut fundus septicianus Coloniæ Augustæ concordiæ. Hæc inscriptio videtur ad personam coloniæ ipsius, pertinere quæ nullo modo alienari possunt a republica* » (2).

Une fois cette propriété établie, il convenait de la protéger contre toute usurpation. Aussi, les forêts appartenant aux villes furent déclarées imprescriptibles et inaliénables.

L'inaliénabilité avait été reconnue par Frontin. Hygin disait aussi : « *Æque territorio si quid erit assignatum, id ad ipsam urbem pertinebit nec venire aut ab alienari a publico licebit. Id datum in tutelam territorio, adscribemus sicut silvas et pascua publica* » (3).

(1) Isidore, *Origin.*, 1, 15, c. 1.
(2) Lachmann et Ruddorf, *Grommatici Veteres,* I, p. 54. V. egalem., p. 117-162-202.
(3) Lachmann et Ruddorf, *Grommatici Veteres,* 1, p. 197.

A ce sujet, Ruddorf, dans son Commentaire, s'exprime ainsi : « La partie de la forêt communale, qui était exploitée dans l'intérêt de la communauté, restait inaliénable et indivisible (ùnveràusserlich und ùntheilbar) » (1). Enfin, l'inaliénabilité est constatée par plusieurs textes du Digeste ou des Institutes (2).

Quant à l'imprescriptibilité des forêts municipales, elle a été reconnue par Gaius dans les termes suivants : « *usucapionem recipiunt maxime res corporales exceptis rebus sacris, sanctis, publicis populi romani, et civitatum, item liberis dominibus* » (3).

Si la forêt municipale était peu étendue, les produits en étaient parfois consacrés exclusivement à l'utilité générale de la cité. Mais la plupart du temps, la ville en laissait la jouissance aux habitants. Sur ce point, Ruddorf s'exprime ainsi : « En usage commun sont les forêts communales (Bürgerwaldùngen) et les pâturages communs, qui sont abandonnés aux particuliers pour y couper du bois ou y récolter des fruits, pour l'usage ou pour la jouissance (4) den Einzelnen zù Holz-ùnd Früchtgewinn Wonne und Weide... überlassen sind. »

Il resterait à déterminer en quoi consistait cette jouissance des habitants sur les produits des forêts municipales. Mais, en cette matière, les auteurs et les textes sont muets. Il est probable toutefois que les particuliers possédaient en principe les droits d'un usager ordinaire, c'est-à-dire depuis le décret d'Hadrien (L. 22, princ. D.,

(1) Lachmann et Ruddorf, *Grommatici Veteres*, II, p. 397.
(2) *Instit.* III, 23, § 5. L. 6 princ. L. 34, 1 (D. XVIII, 1.)
(3) V. Des Chesnes, op. cit., p. 29.
(4) Lachmann et Ruddorf, op. cit., II, p. 311.

de usu et habitat, VII, 8), les droits que pouvait exercer l'usufruitier d'une forêt. Si la forêt municipale est une silva *cædua,* c'est-à-dire un bois qui fait l'objet d'une coupe régulière : futaie ou taillis, ils profitaient de tous les bois coupés. S'il s'agissait au contraire d'une silva non cædua, ils pouvaient seulement prendre les échalas et les chablis ; ils se servaient également des *grandes arbores,* mais jusqu'à concurrence seulement de leurs besoins personnels et des réparations nécessaires à leurs habitations.

Enfin, dans une *silva pascua,* les habitants des cités avaient seulement le droit de mener paître leurs troupeaux et ne devaient pas couper les arbres (1).

Il faut bien remarquer, d'ailleurs, que le droit des usagers dans une forêt municipale était soumis à une double restriction : la première venait de la pluralité des ayants-droit, car, de même que dans la jouissance d'une co-propriété, le droit de chaque habitant était limité par les besoins des autres ; la seconde venait de la réglementation municipale. Comme à notre époque, en effet, on s'était déjà aperçu des conséquences parfois funestes qu'entraînent les délits forestiers ou des dangers d'une exploitation individuelle. Aussi, dans chaque cité romaine, on rencontrait des corporations spécialement affectées à l'entretien et à la garde des forêts : c'étaient les *Centonarii,* les *Dendrophori,* au-dessous desquels se trouvaient les *Saltuarii.*

Les *Centonarii (de centum)* marquent les coupes dans la forêt de la cité, réservant les arbres jusqu'à ce qu'ils atteignent les dimensions les plus utiles comme bois

(1) Cs. Cujas, *Observ.,* Livre XXIV, cap. 5.

d'œuvre ou d'industrie (cent ans, en théorie, d'où leur nom); en un mot, ils ont la surveillance et la gestion des forêts. On peut les assimiler aux agents et préposés forestiers des bois communaux qui exercent actuellement des fonctions administratives en France, avec cette différence qu'ils dépendent aujourd'hui du pouvoir central et non du pouvoir municipal, comme dans l'Empire romain (1).

Les *Dendrophori* sont chargés de l'exploitation et des transports de bois : ce seraient nos bûcherons et nos marchands de bois actuels (2).

Enfin, au-dessous de ces collèges organisés, se trouvaient les *Saltuarii*, sortes de gardes forestiers communaux qui réglementaient le pâturage et étaient chargés de la répression des délits.

.........La propriété forestière municipale et sa réglementation pénétrèrent en Gaule en même temps que la domination romaine. C'est là que nous allons pouvoir étudier son développement et la manière dont on arriva à préciser et à règlementer la jouissance des habitants des communes forestières.

Mais, afin de ne pas recommencer une histoire des biens communaux qui a déjà été faite tant de fois, j'étudierai l'évolution de la propriété forestière communale spécialement dans cette partie de la France qui constituait sous les Romains la Séquanie, qui devint la Comté de Bourgogne et qui, jusqu'en 1791, forma la province de Franche-Comté.

---

(1) V. Des Chesnes, op. cit., p. 31 et suiv.

(2) V. Rabanis, *Recherches sur les Dendrophores*, p. 25.

II.

LES BOIS COMMUNAUX SOUS L'ANCIEN RÉGIME.
L'AFFOUAGE COMMUNAL. — SA RÉGLEMEN-
TATION AVANT 1789.

A l'époque où les Séquanes, effrayés des prétentions
d'Arioviste et des vingt-cinq mille Harundes qu'il entraînait à sa suite, appelèrent Jules César comme libé-
rateur, la Séquanie était couverte de profondes forêts et
un vaste rideau d'arbres s'étendait principalement entre
le Doubs, l'Ognon et la Saône. Les luttes contre les
Suèves, puis contre Rome elle-même, qui, victorieuse,
prétendit imposer sa loi à la Gaule tout entière, la ven-
geance des armées romaines, qui voulurent faire expier
aux Séquanes leur défection et leur alliance avec Vercin-
gétorix, amenèrent le déboisement d'une partie de la
province.

Mais, la conquête terminée, l'Empire romain, cherchant
à s'attacher ce peuple qui occupait, au dire de César, « le
meilleur terroir de toute la Gaule », lui accorda de
grandes concessions et favorisa le développement de
nombreux centres de population dont le principal était
Vesontio (1).

Ces villes furent dotées du régime municipal romain
et, comme les autres cités de l'Empire, elles eurent des

(1) MAURY. *Les Forêts de la Gaule et de l'Ancienne France*,
p. 68.

propriétés particulières. A la vérité, on ne trouve alors rien de spécial relativement aux forêts ; mais dans ce pays éminemment boisé, où l'on rencontrait encore de nombreuses parties de l'ancien *Saltus Sequanus,* il est indubitable que beaucoup de forêts devinrent la propriété exclusive des villes, dont le patrimoine s'accrut au Bas-Empire des forêts abandonnées par leurs propriétaires, qui ne pouvaient ni les entretenir ni payer les impôts, et que les empereurs réunirent au domaine municipal (1).

Lors des Invasions, les Barbares trouvèrent donc en Séquanie, comme dans le reste de la Gaule, d'immenses territoires communaux. Une partie de ces biens fut transformée en propriété privée et attribuée aux vainqueurs ; mais c'est un fait parfaitement établi aujourd'hui qu'un grand nombre de villes conservèrent souvent, après la chûte de l'Empire, une portion notable de leurs propriétés (2).

Or, les bois étant de tous les biens ceux qui durent le moins tenter les Barbares, furent aussi ceux que ces derniers respectèrent le plus. Et l'on ne doit point s'étonner de voir les Burgundes, avec lesquels les Séquanes durent partager leur territoire, admettre que les pâturages et les forêts doivent rester dans l'état de communauté, « *silvarum et pascuorum unicuique pro rata suppetit esse communionem* » (3).

Mais, dès le vıᵉ siècle, la propriété forestière communale perdit beaucoup de son importance. Une partie des

(1) Larzillière, *De l'Administration et de la Jouissance des Forêts communales,* p. 5.

(2) A. Rivière, *Histoire des Biens communaux en France,* chap. VIII.

(3) *Lex Burgund,* T. 54, part. 1.

forêts restées indivises fut en effet englobée dans les immenses concessions de terres que les rois francs accordèrent à leurs fidèles, aux évêques et aux monastères, « les autres furent usurpées par les titulaires d'offices qui, abusant de leur juridiction, s'attribuèrent le droit de domaine sur toute terre qui leur était soumise ; d'autres enfin se confondirent peu à peu avec la propriété ecclésiastique, sous l'influence prépondérante des évêques dans le gouvernement des villes, et finirent par échapper complètement à l'autorité municipale » (1).

Incapables de faire respecter leur territoire au milieu des troubles et des violences de l'époque, les communautés, afin de profiter des immunités dont jouissaient les biens des seigneurs et ceux de l'Eglise, abandonnèrent elles-mêmes leurs terres et leurs forêts aux suzerains tout puissants, si bien que la portion de l'ancienne Séquanie qui était devenue la Comté de Bourgogne, ne fut bientôt en grande partie qu'une réunion de seigneuries plus ou moins étendues.

Depuis l'archevêque Hugues de Salins, Besançon était un fief ecclésiastique ; la seigneurie de Salins et les forêts qui couvrent les pentes occidentales du Jura appartenaient aux princes de la maison de Chalon. Les disciples de St-Benoit possédaient Condat ; St-Colomban et les moines irlandais avaient acquis la souveraineté des bois environnant l'ancienne station thermale de Luxovium.

Les forêts communales n'avaient pourtant pas entièrement disparu. C'est ainsi que la ville de Dole possédait des biens considérables, dont la propriété remontait à l'époque romaine, et notamment sept cent quarante

(1) LARZILLIÈRE, op. cit., p. 7.

arpents de bois dans la forêt de la Serre. Dans la terre de
Calonne, les bois que ne s'étaient pas réservés les ducs de
Bourgogne appartenaient en toute propriété aux habitants.
Enfin, les gens du bourg de Septmoncel, jouissant d'une
administration municipale ayant pour base l'élection
populaire, disposaient de leurs communaux, défrichaient
les forêts et pouvaient même les convertir en pâturages (1).

Lors de la Révolution communale, ces anciens droits
furent reconnus aux particuliers et de nouvelles prérogatives leur furent accordées. En juillet 1274, Alix,
comtesse palatine de Bourgogne, concéda aux habitants
de Gendrey une charte d'affranchissement par laquelle
elle reconnut que la forêt leur appartenait en toute propriété : en 1290, la commune de Besançon, qui possédait
le terrain forestier environnant, reçut de l'empereur
Othon IV une reconnaissance légale de son existence (2).

En même temps, se formaient de nouvelles forêts
communales dont la création remonte à la formation de
ces associations, appelées proprement compagnies ou
communautés, et par lesquels les paysans cherchaient les
moyens d'échapper aux charges principales de la main-
morte, en même temps que de plus grandes facilités pour
la culture et l'exploitation des bois.

Dans la Haute-Comté, en effet, toute une population
vivait dans les bois pour extraire, des pesses ou épicéas,
la résine connue sous le nom de Poix de Bourgogne, et
les fours où elle la faisait cuire devenaient le point de

(1) Cs. Rousset, *Dictionnaire des Communes du Jura.*

(2) V. Aug. Castan, *Notice historique sur la Franche-
Comté et le Pays de Montbéliard* (Besançon et Franche-Comté,
1893).

départ de nombreux villages (1). De leur côté, les char-
bonniers, les coupeurs, les scieurs de bois s'étaient réunis
sous le nom de cousins-charbonniers et formaient une
corporation où l'on n'était admis qu'après une sorte
d'initiation (2).

Puis, les défrichements ayant lieu, les populations
formèrent des agglomérations, des corps de communes et
les familles réunies sentirent le besoin d'une administration et d'une police locale.

On vit alors les seigneurs, poussés soit par la nécessité,
soit par la crainte, concéder à ces communautés nais-
santes des droits d'usage très étendus sur les forêts. Au
village des Bouchoux, les habitants obtinrent l'autorisation de couper du bois dans la forêt de Cernetrou, soit
pour leur chauffage, soit pour leurs constructions. Le
seigneur de Vers avait donné aux habitants du Latet le
droit de couper dans la forêt de Fraisse des bois pour
leur usage et même pour en vendre aux saulneries de
Salins. A Champagnole, les habitants avaient non seulement, dans le bois de Taravant, le droit de prendre du
bois de chauffage ou de construction, mais ils pouvaient
même couper du bois pour le vendre dans les joux dépendant de la seigneurie de Montrivel (3). Les abbés de
Saint-Claude cédèrent à diverses reprises, aux habitants
du Grandvaux, des droits d'usage forestier constatés par
une ordonnance définitive de 1548 ainsi conçue : « Doré-

(1) Tissot, *Les Fourgs ou un village de Franche-Comté*,
p. 220 et suiv. (Paris, 1864).

(2) Gillias de Marchand, *Réflexions sur les sociétés secrètes
et les usurpations* (II, p. 19 et 248), Arbois, 1813.

(3) Rousset, op. cit., I, p. 290-420. III, p. 380.

navant et à toujours, tous et chacun des habitants du
Grandvaux pourront librement et sans empêchement de
personne, usager et prendre bois pour leur usage et
nécessité par tous les bois et joux de la terre de Saint-
Claude et en user pour les commodités et nécessités, sans
en mésuser et, en outre, pourront toutes et quantes fois
que bon leur semblera prendre, couper, abattre bois dans
tous lesdits bois et joux et les mener, conduire et distraire par et hors la terre de l'abbaye où il leur plaira
pour iceux vendre et distribuer sans être tenu de prendre
licence de ce faire » (1).

Enfin, le luxe croissant et les guerres continuelles
obligèrent les seigneurs à céder à prix d'argent, aux habitants des communes, des droits de propriété sur certains
cantons de leurs forêts. Par un titre du xive siècle, Hugues
de Chalon accorda ainsi à la commune de Levier la propriété d'une forêt d'une contenance de deux cent quatre-
vingt-dix hectares, tandis que la commune d'Arc-sous-
Montenot obtenait cent-un hectares formant la forêt
connue sous le nom des Essards-Lointains. La commune
de Salins avait acquis à la même époque la propriété
de la forêt des Moidons, ainsi qu'en témoignent divers
titres dans lesquels cette forêt est qualifiée « propre
héritage à la communauté dudit bourg, sans que d'autres gens y ayent ou doivent avoir par raison, usage ou
autres droits quelconques. » Le caractère de cette forêt
ne faisait d'ailleurs aucun doute, car un autre titre
constate que « yceux bois étant esdits communaux,
les habitants ont laissé croître et venir en cet état, jus-

(1) J. Cochon, *Etude forestière sur le Grandvaux* (Saint-
Claude, 1894), p. 8.

qu'à ce qu'ils ont eu affaire pour la nécessité d'ycelui
bourg. »

Les habitants de ces communes libres possédaient la
jouissance des forêts communales et pouvaient y prendre
tout le bois qui était nécessaire à leurs besoins. C'est ce
droit que les Chartes anciennes reconnaissaient sous les
expressions de *utilitas silvatica, jus silvarum*, et qu'en
législation moderne on désigne sous le nom d'Affouage
communal, ou droit pour les habitants d'une commune de
prendre dans les forêts communales soit du taillis ou
bois de chauffage, soit des futaies ou bois de construction.

Nous avons vu, en droit romain, la notion primitive de
cette jouissance forestière commune aux citoyens d'une
cité ; mais on ne peut en étudier véritablement avec
quelque certitude l'histoire et la réglementation qu'à
partir du xive ou du xve siècle.

Et même les règlements administratifs que l'on trouve
à cette époque en Comté, soit pour la commune de Blet-
terans, soit pour celles de Clairvaux, de Sellières ou de
Poligny, sont essentiellement spéciaux à ces communautés. A la vérité, dans la Comté de Bourgogne comme
dans le reste de la France, la jouissance communale
forestière était alors déterminée uniquement par les
Chartes et les coutumes, et le partage de l'affouage se
faisait suivant des usages qui différaient presque avec
chaque cité.

Au xvie siècle, la Comté était sous la domination autri-
chienne. Le seul essai de réglementation que l'on trouve
alors est l'arrêt du 15 mars 1533 par lequel Charles-
Quint enlevait à la justice ordinaire, pour l'attribuer au
bailli des bois, tout ce qui concernait les forêts.

Devenu l'apanage des princes d'Issenghien, puis de

Guillaume de Nassau, confisqué sur ce dernier par le roi d'Espagne, Philippe II, le territoire du Haut-Jura fut enfin réuni définitivement à la couronne de France par la conquête de la Franche-Comté en 1678. Mais ces confiscations, ces restitutions et ces cessions successives avaient rendu la propriété communale très incertaine; les communes avaient, en effet, profité de la confusion qu'entraînaient ces transformations et de la négligence qui en était la suite, pour dévaster les forêts et y commettre des déprédations.

Après la conquête française, le désordre ne fit d'abord que s'accroître; il devint nécessaire d'y mettre un terme et de règlementer l'exploitation. Aussi, après des plaintes successives, M. Maclot ayant été nommé Réformateur de toutes les forêts de l'Est de France, arriva au commencement de 1724 en Franche-Comté (1).

« On appelait Réformation une opération qui consistait, après avoir visité une forêt et pris connaissance de tout ce qui la concernait, à réformer les abus qui pouvaient y exister et à y rétablir le bon ordre » (2). En fait, dans le cas présent, la mission de Maclot avait été inspirée, comme le dit l'arrêt du 18 janvier 1724, « par le danger où se trouvaient les salines de Salins de tomber en pénurie par la mauvaise exploitation et administration des bois, tant de Sa Majesté que des particuliers et communautés, destinés à l'usage desdites salines. » Maclot aurait donc dû se borner à reconnaître l'état matériel des

(1) Cs. PATEL: *Mémoire explicatif de l'instance en cantonnement intentée par l'Etat de France contre les communes du canton de Levier*, p. 8 (Besançon, 1874).

(2) LARZILLIÈRE, op. cit., p. 26, note 3.

forêts et à proposer ensuite les mesures qu'il croirait les plus convenables pour en améliorer le produit, « mais il n'était revêtu d'aucune autorité juridictionnelle pour statuer lui-même sur les droits des communes, ce qu'il aurait fait de cette manière serait une usurpation de pouvoirs » (1).

Cette usurpation, il l'accomplit cependant en rédigeant le célèbre règlement du 1er avril 1727, approuvé par Louis XV en 1743 et dans lequel les Lettres de capitulation du 16 février 1678, jurées par Louis XIV sur les saints Evangiles « de maintenir bien et loyalement les privilèges, franchises et libertés anciennes, les usages, coutumes, possessions et ordonnances de la Franche-Comté », et les Lettres patentes du 28 septembre, qui avaient statué que tous possesseurs de biens et de droits acquis des anciens souverains doivent être maintenus dans leurs propriétés et possession, furent méconnues et violées. D'une manière générale, en effet, Maclot déclare réunies au domaine public toutes les forêts du Haut-Jura et va même jusqu'à englober dans la confiscation les forêts privées.

Proudhon s'exprime ainsi sur ce règlement (2) : « On y trouve, dit-il, de l'ordre et du désordre, du règlement et du dérèglement ; beaucoup de divisions dans les objets matériels et une confusion absolue dans les droits des parties intéressées, on y trouve tout excepté de la justice, et si l'on veut donner une idée de la manière dont l'altier commissaire a voulu opérer, il faut dire qu'il a considéré la masse de tous les bois communaux des environs de

(1) PATEL, p. 7.
(2) PROUDHON, *Mémoire pour la ville de Salins.*

Salins comme n'appartenant à personne avant son arrivée sur les lieux et s'est considéré lui-même comme envoyé pour y prendre la part du fisc, par le droit du premier occupant, sauf à y accorder, *ad libitum*, quelques aumônes aux anciens habitants. »

Les communes dépouillées essayèrent de protester : il leur fut impossible d'obtenir justice.

Il faut bien remarquer toutefois que cette usurpation ne s'était accomplie qu'à l'égard des forêts du Haut-Jura ; la plupart des communes de Franche-Comté avaient conservé leurs propriétés forestières et étaient soumises, depuis 1694, à la règlementation de l'Ordonnance de 1669.

Mais, au point de vue du partage de l'Affouage, cette Ordonnance n'avait pas accompli un très grand progrès. Elle prescrivait seulement, en effet, « que les coupes seraient à l'avenir distribuées suivant la coutume, à moins que, pour le plus grand avantage de la communauté, elles ne fussent vendues par le juge du lieu avec l'aide du Grand-Maître » (1).

La restriction n'avait d'ailleurs pour but, à proprement parler, que la conservation des produits de la forêt et la distribution en restait soumise à la volonté des communes. Les usages locaux subsistèrent donc entièrement.

Or, ces usages pouvaient porter d'abord sur les conditions d'aptitude auxquelles les habitants devaient se soumettre afin de participer à l'affouage. Ici, on exigeait un certain temps de résidence ; là, on imposait une taxe et le nouveau venu n'était admis à prendre part au partage qu'après avoir versé entre les mains du receveur communal une certaine somme égale à celle payée par le

---

(1) Ordon. d'août 1669, Titre XXV, art. 11.

dernier admis avant lui ; dans certains endroits enfin, il fallait en même temps avoir un feu et payer la taille.

La variété était encore plus grande en ce qui concernait le mode de répartition, c'est-à-dire la base à suivre pour donner à chaque habitant la portion à laquelle sa position dans la commune lui donnait droit. « Partage par tête, partage par feu, ou suivant la cote d'impôts ; part réduite pour les veuves, exclusion absolue ou partielle des célibataires ou parfois de ceux qu'on appelait les prolétaires, tous ces modes étaient admis et bien d'autres encore » (1).

Toutefois, ces différents usages ne s'appliquaient qu'au taillis, car, en Comté, les futaies ou bois de service étaient ordinairement divisées proportionnellement à l'étendue des maisons : c'était le partage par Toisé, qui, en certains endroits, subsista jusqu'en 1883.

A la vérité, déjà avant 1789, des essais de règlementation plus générale avaient été tentés. Deux arrêts de Règlement de la Chambre des Eaux et Forêts du Parlement de Besançon, l'un du 17 février 1751 et l'autre du 21 mai 1754, avaient ordonné que les branchages des futaies d'affouage seraient réduits en cordes pour être distribués comme les bois de chauffage ; mais ces Règlements ne furent jamais exécutés dans la généralité du ressort de la Cour (2).

Plus tard, un Edit du 19 août 1766, relatif aux communautés limitrophes de la forêt de Chaux, ordonne que, d'une manière générale, la quantité de cordes et de

---

(1) Cs. SALEILLES, *Note sur un arrêt de la Cour de Dijon du 27 décembre 1893. — Revue Bourguignonne*, 1894, IV, 3, p. 53-54.

(2) Rec. des Edits, IV, p. 137 et 222.

fascines, qui leur est distribuée annuellement par les adjudicataires, soit distribuée entre les habitants, moitié par feux et ménages et l'autre moitié au marc le franc de l'impôt ordinaire. Mais, quant aux futaies, elles continuaient en pratique à être distribuées le plus souvent aux propriétaires des maisons, suivant le toisé des bâtiments.

Ainsi, il n'y eut donc pas, sous l'Ancien Régime, de règle uniforme relative au partage de l'affouage dans les bois communaux.

III

LES BOIS COMMUNAUX ET LE PARTAGE DE L'AFFOUAGE DE 1789 A 1883.

A la chûte de la Royauté, les communes qui avaient été dépouillées par le Règlement Maclot renouvelèrent leurs revendications. Pourtant, un grand nombre, malgré tous leurs efforts et leurs sacrifices, ne purent reconquérir leurs propriétés perdues. C'est ainsi que la ville de Salins, malgré les titres formels qui affirmaient sa propriété sur la forêt des Moidons, se vit repousser définitivement par un arrêt de la Cour de Besançon du 11 janvier 1830, décidant que les termes dans lesquels étaient conçus les titres n'étaient pas attributifs de propriété exclusive aux habitants et que, d'après les anciens principes confirmés par l'art. 542 du Code civil, l'expression: biens communaux, pouvait s'entendre de l'usage aussi bien que de la propriété.

A la vérité, certaines communes furent plus heureuses : Arc-sous-Montenot rentra dans la possession des Essards-Lointains en 1827 ; mais il fallut à la commune de Levier une lutte de plus de cent trente années contre les agents du fisc pour reconquérir la propriété d'une forêt dévastée par des coupes arbitraires (1).

En même temps, les communes qui n'avaient pas souffert de l'injustice de Maclot profitèrent, comme le reste de la France, de la tourmente révolutionnaire pour essayer d'agrandir leur territoire.

S'appuyant sur la Loi des 10-11 juin 1793, elles s'emparèrent, presque de vive force, des domaines forestiers qui avaient été la propriété des seigneurs ou des abbayes. Quelques réclamations s'élevèrent ; mais « la cause des communes plaidée devant des juges souverains et prévenus était gagnée d'avance et le gouvernement lui-même prêtait les mains à cette dilapidation, dans l'espoir de rattacher les populations aux principes révolutionnaires » (2).

Il y eut alors des abus considérables que favorisa encore l'arrêté du Directoire du 28 Frimaire An IV, en laissant aux administrations municipales le soin d'exploiter les bois à leur volonté. Il n'y avait plus aucun contrôle dans l'administration et la propriété forestière était menacée dans son existence même quand le Gouvernement intervint, détruisit les mesures anciennes et, par des dispositions sagement ordonnées, réorganisa l'admi-

(1) Patel, p. 10.

(2) Meaume, *Droits d'usage,* t. I, p. 36.

nistration forestière et restitua au domaine national les bois usurpés par les communes.

Le Code de 1827 vint compléter cette règlementation et acheva de délimiter nettement les droits communaux. Depuis cette époque, grâce peut-être au cantonnement, l'ancien domaine communal forestier s'est en partie reconstitué en Franche-Comté, puisque dans les 480,666 hectares de forêts que renferment les trois départements du Doubs, du Jura et de la Haute-Saône, auxquels on ajoute le territoire de Belfort, les bois des communes et des établissements publics entrent encore dans ce chiffre pour 312,181 hectares (1).

Il ne faut donc pas s'étonner si la jouissance communale forestière constitue la seule ressource de certaines communes franc-comtoises. Et l'on comprend toute l'importance pratique de l'Affouage Communal en même temps que la nécessité d'en faire une répartition juste et équitable.

Pourtant, avant d'arriver à ce qu'il est aujourd'hui, le partage de l'Affouage a traversé, depuis la Révolution, des phases bien diverses.

L'Assemblée Constituante, soit parce que de plus graves intérêts absorbaient son activité, soit parce qu'elle ne jugeait pas le moment utile pour agir, n'avait pas cru devoir toucher aux usages existants sous l'Ancien Régime. Et même, afin de prévenir les fausses interprétations données à ses décrets des 26 septembre, 29 novembre et 17 décembre 1789 concernant les impositions, elle déclara le 21 mai 1790 que, par lesdits décrets, elle n'avait entendu

GURNAUD, *Les Forêts de Franche-Comté*, p. 94 (Besançon et Franche-Comté).

apporter aucun changement à la manière dont les bois communaux en usance devaient être distribués entre les ayants-droit.

L'Assemblée Législative et la Convention proclamaient des principes tout nouveaux. Le décret du 14 août 1792 et la Loi du 10 juin 1793, qui avaient soumis au partage égal par tête d'habitant les terrains communaux, en abrogeant tout usage contraire, en avaient, il est vrai, excepté les bois. Mais logiquement le mode de partage prescrit pour la propriété des biens communaux, devait l'être également pour leur produit. Et bientôt la Convention Nationale décida par deux décrets rendus les 26 Nivôse et 28 Ventôse An II (15 Janv.-18 Mars 1794) que les bois provenant de la coupe des forêts communales seraient partagés par tête entre les habitants.

Toutefois, à cette époque, les décrets purement administratifs de la Convention ne recevaient pas toujours dans les provinces leur entière exécution.

Les communes qui avaient adopté le partage par Tête pour la propriété des biens communaux suivirent généralement ce même mode de partage pour la distribution de l'affouage. Mais d'autres conservèrent leurs anciens usages. Certaines, enfin, après avoir subi le partage par tête, essayèrent de revenir à leurs coutumes.

C'est ainsi qu'en Franche-Comté, un représentant du peuple, Saladin, en mission dans la Haute-Saône, décida, après le 9 Thermidor, que les partages auraient lieu d'après les anciens règlements. Cet arrêté illégal, en date du 22 prairial An III, fut aussitôt l'objet des plus vives attaques, de la part de certains habitants de la province. Ils s'adressèrent au Gouvernement ; mais les évènements politiques se précipitaient et ce ne fut que le 19 frimaire an X, près de sept ans après, qu'un arrêté des consuls annula la mesure arbitraire qu'avait prise Saladin, et généralisant la décision contraire, édicta dans son art. 2 que : « Les partages des bois communaux d'affouage, dans le département de la Haute-Saône et dans tous ceux où l'affouage a lieu, se ferait par Tête d'Habitant, conformément à la déclaration du 13 juin 1724 (1) et à la Loi du 26 Nivôse An II. »

Le partage par tête, qui répondait bien aux idées démocratiques de l'époque et qui portait l'empreinte de cette égalité parfois poussée à l'extrême qui se retrouvait dans les actions du peuple, ne constitua pourtant à proprement parler qu'un état de choses transitoire.

Peut-être n'avait-il pas donné tout ce qu'il promettait ou tout ce qu'on en attendait. Peut-être aussi les autres modes étaient-ils si anciens et les provinces y tenaient-elles si étroitement qu'on ne pût les faire disparaître tout d'un coup. Quoi qu'il en soit, les municipalités s'entendirent en beaucoup d'endroits pour conserver leurs anciens usages toutes les fois qu'elles le purent sans de grandes difficultés.

D'ailleurs, la législation était loin d'être aussi simple et aussi rigoureuse qu'au commencement de la Révolution. Tandis en effet que la Loi de 1793 et le décret de Nivôse An II, s'appliquant aux bois coupés ou gisants, n'avaient établi aucune distinction, l'arrêté de l'an X exceptait de la réglementation toutes les futaies, ce qui maintint le partage par Toisé.

(1) La déclaration du 13 juin 1724 est une ordonnance des ducs de Lorraine, qui voulait que « sans distinction toutes les portions fussent égales et que les pauvres en eussent autant que les riches. » V. Ch. Guyot. *Les Forêts Lorraines*, p. 311, 312.

De plus, les idées qui allaient dominer dans le gouvernement impérial commençaient à faire admettre des principes nouveaux. Un décret du 9 Brumaire An XIII (31 octobre 1804), déclara que les communautés d'habitants qui, n'ayant pas profité du bénéfice de la Loi du 10 juin 1793, avaient conservé, après la publication de cette loi, le mode de jouissance de leurs biens communaux, devaient continuer à jouir de la même manière desdits biens. Cet acte n'était pas en principe applicable aux bois des communes ; mais un grand nombre de municipalités l'invoquèrent et se crurent dès lors en droit de conserver le mode de partage prescrit par les anciens usages.

Les choses étaient en cet état, lorsqu'en 1806, sur une difficulté élevée dans la commune d'Ecrameville et malgré la proposition du ministre d'alors de revenir au mode de partage suivant l'étendue des propriétés, le Conseil d'Etat décida, à la date du 20 juin, que le partage des bois d'affouage dans cette commune se ferait par feu. Toutefois, ce décret n'était qu'une décision particulière qui ne fut pas même insérée au Bulletin des Lois et les communes conservèrent leur indépendance.

Un second avis du Conseil d'Etat, approuvé le 20 juillet 1807, ordonna le partage par feu d'un bien communal possédé par indivis entre deux communes et sans avoir égard à l'étendue de chacune d'elles.

Enfin, un an après, se présenta la question de savoir si le même mode de partage était applicable aux bois indivis. Le Conseil d'Etat, par un troisième avis également approuvé, décida le 26 avril 1808 que le partage devait être fait suivant le nombre de feux de chaque commune et non d'après le nombre des habitants.

Ces deux derniers avis étaient rendus par forme d'interprétation de la Loi de 1793 ; mais, approuvés par l'Empereur, ils avaient force de loi. Ils n'étaient de plus relatifs qu'au partage des biens et des bois indivis entre plusieurs communes ; toutefois, le Conseil d'Etat déclarait formellement, dans les considérants de l'avis du 26 avril 1808, que cette innovation concernait aussi l'affouage : c'est-à-dire · les produits aussi bien que le fonds.

Le partage par feu avait été décrété comme proportionnant mieux les distributions aux vrais besoins des familles, sans favoriser exclusivement les grands propriétaires dont l'influence avait fait décider avant la Révolution le partage proportionnel à l'étendue des propriétés, ni les gros ménages, dont les besoins de consommation étaient la plupart du temps bien inférieurs à la quantité de bois que leur accordait la répartition par tête.

Pourtant cette règlementation générale ne parvint pas encore à détruire complètement les usages. En Franche-Comté, le préfet du Jura, de même que ses collègues du Doubs et de la Haute-Saône, se fondant sur les dispositions de la législation antérieure, décida, par un arrêté du 30 août 1816, que le partage des futaies faisant partie des coupes affouagères continuerait d'avoir lieu d'après le Toisé des Bâtiments (1).

A cette époque, il est vrai, sous l'influence prédominante des classes privilégiées, jalouses de leurs prérogatives recouvrées, le Gouvernement de la Restauration se montrait favorable au maintien des anciens droits dérivant de la propriété et fermait les yeux sur les procédés, plus ou

(1) *Recueil des actes administratifs* de la Préfecture du Jura, 1827, p. 16.

moins illégaux et injustes, qu'adoptaient presque partout les municipalités.

Ce ne fut que plus de dix années après que, poussé par les réclamations du peuple, du peuple des campagnes surtout, qui aspirait à plus de bien-être, à plus de justice, le Gouvernement montra un peu d'énergie et essaya de triompher des mauvaises volontés. Un avis du Conseil d'Etat du 2 décembre 1826 appliqua partout, même aux futaies sur taillis, le mode de Répartition par Feu.

Les mêmes idées dominaient encore quand, en 1827, un projet de Code forestier fut adressé aux autorités du Royaume. Ce projet consacrait sans aucune exception le partage du taillis des coupes affouagères par feux et la délivrance des futaies à ceux qui en auraient besoin, mais à charge d'en payer la valeur à la commune à dire d'expert.

C'est la première fois que, la Loi intervenant, la part de la commune était nécessairement réservée dans le partage des biens communaux. Jusqu'à cette époque, aucune différence n'était faite entre les bois taillis ou bois d'affouage et les bois de futaie ou de construction ; ils étaient tous deux partagés et distribués gratuitement aux habitants. Il faut remarquer enfin que le partage par Feu était définitivement adopté et, dans toutes les discussions, il ne fut effectivement l'objet d'aucune contestation.

Mais, dès que ce projet parut, le Conseil général du département du Doubs, qui n'avait cessé d'élever des réclamations contre les abus du mode de partage introduit en vertu des lois nouvelles, réclama vivement et demanda que les anciens usages de la province fussent remis en vigueur.

Cependant, dans le nouveau projet soumis aux

Chambres, la disposition ancienne fut conservée; on se
bornait à en excepter les cas où il y aurait Titre contraire,
c'est-à-dire les cas où il existerait des Titres à l'appui des
usages contraires au Partage par Feu. « Ce n'était plus la
liberté, l'égalité entières, mais c'était encore un reste de
liberté et d'égalité qui devait disparaître, emporté par les
discussions du Parlement. A cette époque, les classes privilégiées, ardentes à prendre, chaque fois que l'occasion
leur était fournie, leur revanche de 1789, s'efforçaient de
rentrer dans leurs anciens avantages. Les gros propriétaires, favorisés par les usages des vieux régimes, récla-
maient leur maintien, sous prétexte que, plus riches, ils
étaient astreints à des charges, à des impôts plus considérables » (1). Leurs plaintes furent entendues, leurs
doléances accueillies. Le projet du gouvernement sortit
encore modifié des délibérations des deux Chambres et le
texte qui forma l'art. 105 du nouveau Code Forestier fut
ainsi conçu : « S'il n'y a titre ou usage contraire, le partage
« des bois d'affouage se fera par Feu, c'est-à-dire par chef
« de famille ou de maison ayant domicile réel et fixe dans
« la commune. S'il n'y a également titre ou usage con-
« traire, la valeur des arbres délivrés pour reconstructions
« et réparations sera estimée à dire d'expert et payée à la
« commune. »

A la vérité, le système adopté par le Code Forestier était
une sorte de compromis entre les partisans de la règle uniforme et du partage par feu et les défenseurs des anciennes coutumes.

Les usages renaissaient entièrement. Certains auteurs

(1) M. Lelièvre. — Rapport du 1er juin 1882 à la Chambre des députés. (Journal officiel du 13 juin 1882. Annexe no 490, p. 452).

ont cependant approuvé cette restauration et ont essayé de justifier cet état de choses qui, s'inspirant des besoins particuliers de chaque région, laissait plus de part à l'initiative et aux besoins locaux.

Il y a longtemps que de telles idées ont été émises pour la première fois. Proudhon, Meaume, Migneret ont même cru que l'uniformité était non seulement injuste, mais impraticable, attendu que certaines communes sont très riches en bois, tandis que d'autres en ont fort peu.

Mais, de cette constatation évidemment juste, on ne peut, je crois, tirer aucune grave conséquence. La masse des bois devant être répartie entre les ayants-droit dans la proportion de leurs besoins, il importe fort peu, en effet, que cette masse soit plus ou moins considérable, puisque les besoins relatifs des affouagistes doivent toujours être seuls le point de départ, la base de toute opération divisionnelle de l'affouage, la seule chose à consulter dans tous les cas. De plus, l'uniformité d'une loi n'est-elle pas, presque toujours, l'un des signes de sa perfection ?

En tout cas, si, en 1827, on pensait, en conservant les usages, aboutir à un résultat favorable, il est impossible aujourd'hui de se bercer du même espoir, en voyant les difficultés que, pendant près de soixante années, cette survivance a fait naître partout. Combien de discussions, en effet, furent élevées pour fixer les caractères que devait réunir l'usage légal ! Combien de procès eurent lieu pour déterminer le sens d'une coutume, pour rechercher comment et quand elle s'était établie ! Combien de fois enfin la Loi ne dût-elle pas respecter et même souvent consacrer des usages dont l'origine était injuste.

Parmi ces derniers, il convient de citer avant tous le

partage par Toisé de bâtiments. Ce mode, admis pour les futaies dans toute la Franche-Comté, et dont la suppression devenue nécessaire a été l'un des principaux motifs de la modification de 1883, avait une importance assez considérable pour qu'il me semble nécessaire de m'y arrêter quelque peu.

Le Partage par Toisé consistait à diviser les futaies ou bois de construction exclusivement entre les propriétaires des maisons de la commune et à les leur distribuer dans la proportion du Toisé des fonds couverts de bâtiments (1).

Pour participer à la répartition, la condition de domicile n'était pas nécessaire. A la vérité, le Partage par Toisé aboutissait à la création d'une véritable servitude réelle qui, par sa nature, consistait dans la charge imposée au fonds servant, qui était la forêt, pour l'utilité d'un autre héritage seulement, qui était la maison.

Ce mode de Partage a été défendu principalement par trois Franc-Comtois, Proudhon, Curasson et Marquiset, qui ont lutté énergiquement pour son maintien.

Suivant Proudhon (2), les habitants non propriétaires ne doivent point participer au produit de la futaie, parce que le droit d'usage ne peut être que relatif et correspondant aux besoins de celui qui en perçoit les émoluments, et que ces habitants, n'ayant pas de bâtiments à entretenir, il ne leur faut que du chauffage; ils ne peuvent donc se plaindre de cette exclusion, puisqu'ils n'ont pas de droit à la chose, et leur plainte serait encore mal fondée,

(1) Proudhon, *Droits d'usage*, T. III, nos 923 et suiv.
(2) Proudhon, T. III, no 924. V. Curasson, *Code forestier*, T. I, nos 429 et suiv.

par cette autre raison qu'ils sont eux-mêmes logés dans
les maisons pour l'entretien desquelles se fait cette distribution et que, si on ne les admettait pas à y loger, ou si
ces édifices n'étaient pas logeables faute d'entretien, ils se
verraient obligés de transporter leur domicile ailleurs et
perdraient eux-mêmes le droit de participer à la distribution des chauffages dans lesquels ils n'ont leur part que
comme habitants.

De son côté, Marquiset, rappelant l'origine du Partage
par Toisé, montrait les seigneurs et les abbayes, propriétaires des forêts, en concéder les produits aux communautés d'habitants qui venaient s'établir autour des châteaux ou des monastères, mais en donnant le bois de
chauffage seulement à l'habitant et les futaies aux propriétaires pour l'entretien de leurs bâtiments. Aujourd'hui,
ajoutait-il, les usages doivent être ce qu'ils étaient au
temps de la concession, tant pour la qualité que pour la
quantité (1).

Ces remarques, pouvaient, jusqu'à un certain point, s'appliquer à l'époque où les maisons étaient entièrement
construites et couvertes en bois ; et même alors, il était
déjà inique de voir un propriétaire de bâtiments pouvoir,
dans certaines localités, trouver un bénéfice annuel de
douze à quinze cents francs dans la Répartition des
futaies, tandis que l'habitant pauvre qui veut construire
une cabane est obligé d'acheter le bois qui lui est nécessaire pour sa chétive construction et souvent même de
l'aller chercher au loin et à grands frais.

Après 1827, ce mode de construction, abandonné en

(2) Marquiset, *Manuel de l'Usager dans les Bois Communaux*, p. 52.

grande partie, disparut peu à peu et les inconvénients du Partage par Toisé seuls apparurent.

Car, sans parler de toutes les difficultés naissant de ce mode de partage et relatives à la détermination, soit des arbres faisant partie de la futaie, soit de ceux qui y avaient droit, cet usage était contraire en même temps à l'intérêt des communes et à l'intérêt des habitants. Les communes, en effet, perdaient tout le profit qu'elles auraient tiré de la nouvelle Règlementation, car on ne pouvait plus exiger le versement de la valeur des bois de construction dans les caisses communales. D'autre part, la majeure partie des bois de service, souvent fort rares dans les forêts communales, était absorbée par les grands propriétaires, les possesseurs d'usines considérables.

Enfin, ce mode de partage favorisait les fraudes. Dans certaines localités riches en bois, les propriétaires les plus fortunés achetaient de vieilles masures impossibles à habiter, dans le seul but d'augmenter la surface de leurs propriétés bâties et de toucher de ce fait plus large part dans la répartition de la futaie. Ils construisaient des semblants de maisons en briques, en planches, en terre même et en retiraient dès la première année des revenus affouagers dont la valeur dépassait de beaucoup celle de la construction. Ils donnaient en location une maison entière et obtenaient un double bénéfice en touchant le prix de fermage et leur part des futaies. Dans tous ces cas, les bois acquis ainsi indûment ne servaient pas à la réparation des constructions ; mais ils procuraient un revenu aux riches particuliers qui les vendaient, et cela, au détriment des communiers nécessiteux.

Avec le temps, ces abus ne firent que se développer. « Ils donnèrent naissance aux plaintes les plus vives, aux luttes

les plus ardentes, aux spéculations les moins avouables. »
M. Lelièvre rapporte que l'opinion publique était tellement
surexcitée « qu'en 1848 certains commissaires du Gouvernement, appelés à l'administration des départements
forestiers, autorisèrent les communes qui en firent la demande à supprimer le Partage par Toisé et à répartir la
la futaie par feu, ainsi que cela se pratiquait pour les
taillis » (1). C'était une évidente dérogation à la Loi ; mais
le Gouvernement ferma les yeux avec d'autant plus de fa-
cilité qu'aucune réclamation ne s'éleva contre les mesures
prises par les commissaires.

L'Empire laissa les choses en l'état. Il ne désapprouva
pas la pratique, au fond illégale, des communes ; mais il
ne fit rien non plus pour établir un partage plus équitable.

Ce ne fut qu'en 1871 que l'Administration Forestière,
revenant à une plus stricte exécution de l'art. 105, ordonna
la vente des bois de construction qui, depuis vingt-trois
ans, avaient été confondus avec les bois de chauffage,
dans la délivrance en nature.

Alors tous les inconvénients reparurent, s'aggravant
même de jour en jour dans les localités qui n'avaient pu
s'affranchir des anciennes coutumes et où les usagers
riches profitaient seuls des bénéfices de la forêt.

Enfin, en 1878, M. Lelièvre, alors député du Jura, présenta à la Chambre un projet de Loi tendant à la Révision
du Titre VI du Code Forestier. La proposition fut rejetée.
L'inspiration était évidemment bonne ; il aurait fallu
donner plus de liberté d'action aux Communes pour l'administration de leurs bois ; ce qui empêcha l'admission du
projet, ce fut le souvenir des désastres que cette liberté

(1) Rapport de M. LELIÈVRE du 1er juin 1882.

3

communale avait produits en 1793 ; on se rappelait, en
effet, la perte irrémédiable qu'avait faite certains pays forestiers et la difficulté générale à reconstituer l'ancien domaine des Forêts.

En 1893, M. Philipon, député de l'Ain, est revenu sur ce
projet de 1878. Son but est d'augmenter les droits des
communes et des établissements publics pour l'administration de leurs forêts. Cette proposition n'est pas encore venue
en discussion ; dès maintenant, je crois que son admission
absolue entraînerait des conséquences que son auteur ne
prévoit pas et qui seraient peut-être totalement opposées
au but qu'il se propose (1).

Après l'échec de 1878, de nombreuses pétitions furent
adressées à la Chambre, qui toutes démontrèrent la nécessité d'une réforme de laquelle dépendait la plus grande
partie des ressources communales.

Ces réclamations pressantes déterminèrent M. Lelièvre
à revenir à la charge et, de concert avec plusieurs de ses
collègues, il saisit la Chambre, dans la séance du 28 février 1882, d'une proposition de loi beaucoup plus restreinte que la première et qui se bornait à modifier
l'art. 105, à en faire disparaître les abus, enfin à établir
une règle à peu près uniforme à laquelle devaient se soumettre toutes les communes de France. La proposition fut
cette fois adoptée et une commission fut nommée pour
l'étudier. Le 9 mai 1882, M. Jules Roche fit un rapport
sommaire démontrant les avantages que procurerait la
nouvelle règlementation et, le 1er juin suivant, M.

(1) *Journ. officiel.* Procès-verbal de la séance du 21 nov. 1893
Documents Parlementaires. Session extraordinaire de 93. Chambre,
p. 28 et suiv.

Lelièvre présentait un rapport détaillé dans lequel, après un excellent historique, il résumait les travaux de la Commission et exposait clairement les motifs de chacune des réformes opérées et des modifications accomplies.

Les Titres seuls étaient désormais respectés ; tous les usages étant supprimés complètement. Après de longues discussions dont le but avait été d'étudier les différents modes de partage, toute innovation avait été rejetée et le principe du Partage par Feu maintenu soit pour le taillis ou bois de chauffage, soit pour les bois de construction. A ces derniers, cependant, il était laissé une double desti-nation, au choix de la commune autorisée à les délivrer soit en partie, soit en totalité entre les habitants ou à en ordonner la vente au profit de la caisse communale.

Adoptée sans discussion le 28 décembre 1882, la propo-sition fut transmise au Sénat au commencement de 1883. M. Chaumontel, rapporteur, présenta quelques modifi-cations admises ensuite par les deux Chambres et, le 23 novembre 1883, la nouvelle loi était promulguée.

L'art. 105 du Code Forestier était modifié ainsi qu'il suit :

« S'il n'y a Titre contraire, le partage de l'affouage, en ce qui concerne les bois de chauffage, se fera par Feu, c'est-à-dire par chef de famille ou de maison ayant domi-cile réel et fixe dans la commune avant la publication du rôle. Sera considéré comme chef de famille ou de maison tout individu possédant un ménage ou une habitation à feu distincte, soit qu'il y prépare la nourriture pour lui et les siens, soit que, vivant avec d'autres à une table com-mune, il possède des propriétés divisées, qu'il exerce une industrie distincte ou qu'il ait des intérêts séparés.

« En ce qui concerne les bois de construction, chaque

année le Conseil Municipal, dans sa session de mai, décidera s'ils doivent être, en tout ou en partie, vendus au profit de la caisse communale ou s'ils doivent être distribués en nature.

« Dans le premier cas, la vente aura lieu aux enchères publiques par les soins de l'administration forestière ; dans le second, le partage aura lieu suivant les formes et le mode indiqué pour le partage des bois de chauffage.

« Les usages contraires à ce mode de partage sont et demeurent abolis.

« Les étrangers qui rempliront les conditions ci-dessus indiquées ne pourront être appelés au partage qu'après avoir été autorisés, conformément à l'art. 13 du Code civil, à établir leur domicile en France » (L. 25 juin 1874).

.... Avant d'aborder l'étude de ce nouvel art. 105, il est nécessaire, je crois, d'indiquer d'abord brièvement le caractère juridique de l'affouage communal.

IV

Caractère juridique de l'Affouage Communal

L'Affouage Communal a été défini par Ducange : *Jus excidendi ligni in nemore ad focum suum*. D'une manière générale, c'est, ainsi que je l'ai dit précédemment, le droit qui appartient aux habitants d'une commune de prendre dans les forêts communales soit du taillis ou bois de chauffage, soit des futaies ou bois de construction.

On emploie quelquefois le mot d'affouage pour désigner les droits d'usage, servitudes réelles, que certaines
communes possèdent dans les bois d'autrui, de l'Etat
ou des particuliers. Mais, c'est le détourner de son
sens légal; le Code Forestier n'emploie, en effet, cette
expression, que pour parler de la jouissance des habitants dans les bois communaux. D'ailleurs, l'Affouage
Communal constitue, au point de vue juridique, un droit
particulier et spécial, d'une nature tout à fait exceptionnelle.

Il est vrai que cette dernière idée est loin d'avoir été
admise par tous les auteurs.

D'après M. Serrigny (1), l'Affouage Communal est un
droit de propriété s'exerçant sur une chose commune. Cette
théorie, soutenue également par Guyétant et par M.
Saleilles, aboutit en réalité à considérer l'affouage comme
un partage de fruits communs entre co-intéressés. Et si on
objecte que la forêt appartient à la commune en tant que
corps moral, ces auteurs répondent que cela ne détruit pas
leur système, puisque le corps moral n'est autre chose que
l'ensemble des habitants.

C'est d'ailleurs, disent-ils, l'opinion déjà admise en 1827.
Lors des travaux préparatoires du Code Forestier, Favart
de Langlade s'exprimait ainsi : « Il serait injuste si un des
habitants *propriétaires* ne brûlait pas tout le bois qui lui
serait délivré de les priver de l'excédent.... On doit faire
une grande différence entre les droits d'usage qu'ont les
habitants d'une commune dans les forêts de l'Etat et celui
qu'ils ont dans leurs bois communaux, l'un étant un droit
sur une chose qui ne leur appartient pas et l'autre un droit

(1) Serrigny, *Juridiction administrative*. T. II, p. 570.

réel qui n'est qu'un mode de jouissance de leur propre chose. »

Les lois postérieures au Code Forestier semblent bien avoir consacré la même idée. La loi de 1837 (art. 7) et la loi du 5 avril 1884 accordent, en effet, aux Conseils municipaux, le droit de régler les questions d'affouage, tandis qu'elles ne reconnaissent qu'un droit de délibération en ce qui touche la vaine pâture, différence qui tient à ce que, dans le premier cas, il s'agit de fonds communaux dont le Conseil partage le produit entre les co-intéressés et, dans le second, il s'agit, au contraire, de fonds d'autrui.

Enfin, la jurisprudence paraît être fixée en ce sens : deux arrêts de Cassation (7 mai 1829-18 juillet 1861) ont admis ce système, qui, plus récemment, a été adopté par la Cour de Besançon (8 mars 1893) (1).

Malgré les autorités sur lesquelles il s'appuie, je ne crois pas cependant que ce premier système doive être admis.

Il est évident, en effet, que la propriété ne peut pas appartenir en même temps à la commune personne morale et à chacun des habitants considérés isolément.

D'ailleurs, d'après l'origine même des bois communaux, les concessions de propriété n'étaient pas faites à des individus *ut singuli*, mais à des communautés envisagées *ut universitas*. On peut alors se demander sur quoi s'appuieraient les habitants pour justifier leur droit de propriété particulière, droit qui est en désaccord non seulement avec l'histoire, mais avec les principes juridiques eux-mêmes.

Car ce droit de propriété particulière serait essentiellement relatif ; il pourrait s'accroître ou diminuer avec le

(1) D. P. 94, II, 30.

chiffre de la population et son exercice pourrait être non seulement momentanément réduit, mais même dans certains cas complètement supprimé, ce qui est en opposition essentielle avec la nature juridique du droit de propriété, tel qu'il a été établi par la loi.

Quant au rapport de Favart de Langlade, il me semble qu'il avait simplement pour but de distinguer l'affouage communal du droit d'usage forestier, qui, dans le Code, est règlementé aux art. 61 et suivants. Depuis 1827, il est impossible d'ailleurs d'identifier ces deux droits. En effet, l'art. 83 du Code Forestier défend à ceux qui ont un droit d'usage dans les forêts de l'Etat de vendre ou d'échanger les bois qui leur sont délivrés et de les employer à aucune autre destination que celle pour laquelle le droit d'usage a été accordé. Or, l'art. 112, qui déclare les dispositions de la huitième section du titre 3 sur l'exercice des droits d'usage dans les bois de l'Etat, applicables à la jouissance des communes dans leurs propres bois, en excepte formellement celles de l'art. 83. En d'autres termes, les habitants des communes ne sont pas assujettis, comme les usagers, à la prohibition de vendre leurs portions affouagères; donc ils ne sont pas assimilés aux usagers par le législateur.

L'Affouage Communal n'est pas non plus, comme l'a cru Proudhon (1), un droit d'usage ordinaire, car il n'est pas mesuré et borné aux besoins des habitants, puisque la coupe annuelle est distribuée sans examen préalable des besoins de chacun et que, dans beaucoup de communes, la part affouagère de chaque habitant est bien supérieure à ses besoins de consommation. Enfin, dans une foule de cas et suivant les besoins des communes, les habitants

(1) PROUDHON, op. cit., T. III, p. 333, 334.

sont tenus de sacrifier leurs droits à l'affouage, dont les produits sont versés dans la caisse municipale, obligation qui ne peut jamais être imposée à un usager proprement dit. La jurisprudence s'est prononcée très catégoriquement contre ce système (1).

L'Affouage diffère également de l'usufruit, car il est attaché d'une manière exclusive à l'habitation dans la commune et ne donne pas droit à tous les produits du fonds. Il est toujours, en effet, réduit du quart, et peut même être réduit au-delà, si les ressources de la commune font défaut.

Mais il ne faut pas non plus lui reconnaître les caractères de la servitude réelle, car ce droit n'est pas attaché à une maison, mais bien plutôt à la qualité de chef de famille habitant cette maison, tellement que l'on peut habiter la maison et ne pas avoir droit à l'affouage si l'on est dépourvu de l'une des qualités qui font le chef de famille. Cette dernière opinion a été condamnée par un arrêt de Cassation du 7 mai 1829 et plus récemment repoussée par un arrêt de la Cour de Dijon en date du 20 juin 1883 (2).

Enfin, d'après Migneret (3), les habitants exerceraient leurs droits d'affouage en qualité de sociétaires. « Les communes ou communautés d'habitants, dit-il, sont, comme le dit fort bien la loi du 10 juin 1793, une société de citoyens unis par des relations locales et l'histoire vient, à l'appui de cette définition, nous montrer l'existence civile des communes commencer à se développer à l'aide

(1) Colmar, 22 juin 1850.
(2) Meaume, op. cit., T. II, p. 83, note 1, et p. 137.
(3) Migneret, *Traité de l'Affouage dans les Bois Communaux,* p. 11.

de véritables pactes sociaux *(confederationes jura-
menta)*. C'est, ce nous semble, de cette définition qu'il
faut partir pour examiner les rapports de chaque habitant
ut singulus avec la commune considérée *ut universitas.* »

Cette opinion est une conséquence excessive de la loi
de 1793. Si cette loi considère, en effet, la commune comme
une société, c'est dans le sens où la nation elle-même en
constitue une ; c'est un corps moral qui n'a rien de commun avec l'idée juridique.

D'autre part, si l'on peut dire avec Larzillière (1) qu'il
n'y a presque aucune des modalités de la jouissance des
habitants qui ne puisse être comparée aux règles de la
société civile, il n'en est pas moins vrai qu'il manque ici
l'un des éléments essentiels à la formation de tout contrat
de société : l'existence d'apports de la part des associés. Il
n'y a pas en notre matière, comme dit l'art. 1832 du Code
civil, convention de mettre quelque chose en commun.
L'existence de la forêt communale est indépendante des
habitants et l'accroissement de la population n'augmenterait en rien le patrimoine communal ou les bénéfices qui
en résultent.

L'Affouage Communal doit être considéré comme un droit
sui generis, présentant certaines analogies avec l'usufruit,
l'usage, la co-propriété et la société, mais qui a sa nature
propre et qu'on ne saurait assimiler à l'un ou à l'autre de
ces droits.

Le législateur lui-même l'a soumis à des règles toutes
spéciales et toutes particulières, et nous venons, d'ailleurs,
de voir comment, en voulant identifier l'affouage à tel ou
tel autre droit régi par le droit commun, on s'expose faci-

(1) Larzillière, op. cit., p. 148.

lement à commettre des erreurs et à lui reconnaître un caractère qu'il n'a pas en réalité.

Il faut donc prendre ce droit tel qu'il a été règlementé par les dispositions qui s'y appliquent. Et tout ce que l'on peut dire seulement, c'est que l'affouage communal constitue une sorte de jouissance qui est exercée sur la forêt, propriété de la commune *ut universitas*, par les habitants ayant droit, *ut singuli*, à la jouissance des produits. C'est un droit inhérent à la qualité d'habitant, à charge de certaines conditions d'aptitude spéciales (1).

Je ne veux pas insister davantage sur ce point, car je ne crois pas utile de donner à cette discussion une importance qu'elle n'a pas en réalité.

En effet, quel que soit le caractère que l'on reconnaisse à l'Affouage Communal, les conséquences au point de vue juridique sont très peu différentes.

Nous les examinerons d'ailleurs peu à peu dans le cours de cette étude, après avoir posé quelques principes nécessaires.

—————

..... Ces préliminaires terminés, j'aborde l'étude du Partage de l'Affouage tel qu'il a été règlementé par la Loi du 23 novembre 1883. Je diviserai cette étude en quatre chapitres : les deux premiers seront consacrés aux principes de droit commun relatifs soit au droit au Partage, soit au mode de Partage ; dans le troisième, je rechercherai à

(1) MARTINET, *De l'Affouage communal*, p. 6.

quelles conditions et dans quelle mesure on peut déroger
aux règles ordinaires ; enfin, je déterminerai devant quelles
juridictions doivent être portés les recours contentieux en
matière de Partage (1).

(1) Les ouvrages auxquels je me référerai le plus souvent et que
j'indiquerai désormais par le seul nom de l'auteur, sont :

Aucoc, *Des sections de communes*, 1864.

Bouquet de la Grye, *Le Régime forestier appliqué aux bois
des communes*, 1883.

Curasson, *Code Forestier*, 1828.

Guyétant, *Traité de l'Affouage* (Anc. édit., 1845-1854.— Nouv.
édit., 1889).

Laferrière, *Traité de la Juridiction administrative*, 1887-
1888.

Larzillière, *De l'Administration et de la Jouissance des
Forêts Communales*, 1876.

Lelut, *De la Distribution de l'Affouage aux habitants des
communes* (*Revue de Législation*, 1, 40, 1851).

Martinet, *De l'Affouage Communal* (*Revue générale d'Administration*, 1884, T. 2).

Meaume, *Droits d'usage dans les Forêts*, 1847.

Mignerbt, *Traité de l'Affouage dans les Bois Communaux*, 1844.

Marquiset, *Manuel de l'Usager dans les Bois Communaux*, 1854.

Proudhon, *Traité des Droits d'Usage*, 1836.

Saleilles, *Notes sur l'arrêt de la Cour de Dijon*, du 27
déc. 1893 (*Revue bourguignonne*, 1894, IV, 3).

Serrigny, *Questions de Droit administratif*, 1854.

CHAPITRE PREMIER

Des Conditions à remplir pour prendre part au Partage de l'Affouage.

———

Suivant l'art. 105 du Code forestier, tel qu'il a été modifié en 1883, deux conditions sont nécessaires pour participer au partage de l'Affouage. Il faut tout d'abord être membre de la communauté affouagère, c'est-à-dire posséder un domicile réel et fixe dans la commune propriétaire de la forêt. Il faut de plus avoir la qualité de chef de famille ou de maison.

SECTION I

De la qualité de Membre de la Communauté affouagère

Cette première condition résulte de la nature même de l'affouage, car il est naturel de n'accorder ce bénéfice communal qu'à ceux-là seuls qui font partie de la commune et qui, par conséquent, ont un droit sur les bois communaux.

Or, on ne peut acquérir la qualité de membre d'une commune que par le fait d'y établir son domicile. C'est ce principe général que le législateur a consacré dans l'art. 105

du Code forestier, mais il reste à préciser la nature exacte du domicile affouager et à déterminer l'époque à laquelle il doit exister.

Je terminerai la section en recherchant à quelles conditions l'étranger peut participer à l'affouage dans la commune qu'il habite et en déterminant l'influence sur le droit à l'affouage des Réunions ou Distractions de Communes.

1

Du Domicile Réel et Fixe

§ 1er. — *Sa nature.*

Le domicile auquel l'art. 105 du Code forestier fait allusion est-il distinct du domicile civil ? Depuis longtemps cette question a soulevé une très vive controverse dont l'origine doit être cherchée dans le texte même de la loi.

Certains auteurs, en effet, s'appuyant sur les qualificatifs Réel et Fixe, donnés au domicile, ont soutenu que l'art. 105 voulait parler d'un domicile spécial et particulier.

Suivant les uns, le législateur moderne aurait consacré la pratique, presque générale en France avant la Révolution, qui exigeait un an et un jour de résidence dans la commune de la part de ceux qui prétendaient avoir droit à l'affouage.

Les partisans de cette première opinion, en outre de la pratique ancienne, citent en leur faveur la loi du 25 vendémiaire An II, la Constitution de l'An VIII, qui exigeait le séjour d'un an dans la commune pour y acquérir un domicile. Ils invoquent en même temps une décision du ministre des finances du 30 août 1830, d'après laquelle le droit d'affouage ne peut s'acquérir que par le domicile réel pendant un an.

. Mais il ne me semble guère possible de s'appuyer sur les anciens usages, abolis indistinctement en notre matière. Quant aux lois sur le domicile promulguées pendant la période intermédiaire, elles ont été implicitement abrogées par la publication du Code civil. Et, lors même qu'on les supposerait encore en vigueur, elles devraient être renfermées dans leur spécialité et il serait bizarre d'affirmer que les rédacteurs du Code Forestier, sans avoir manifesté leur volonté par une disposition expresse, aient entendu se référer à des lois politiques ou relatives à des matières particulières plutôt qu'à la loi civile connue de tous et dont l'application est journalière. D'autre part, l'Ordonnance de 1830 avait été abrogée par une nouvelle décision du 9 décembre 1832, suivant laquelle l'administration ne pouvait exiger le domicile annal, sans s'écarter des dispositions de la loi forestière.

Une seconde opinion, basée uniquement sur une ordonnance du Conseil d'Etat du 23 juillet 1844, pose en principe que le domicile communal, défini et déterminé dans ses effets par des lois purement administratives, est tout à fait distinct du domicile civil, dont il diffère essentiellement.

Mais il faudrait alors indiquer quel est le caractère de ce domicile particulier. Cela serait d'autant plus nécessaire que ce domicile devant servir de base à la répartition de l'affouage, l'administration aurait, comme les administrés, besoin d'en connaître les conditions légales. Ces conditions,

Migneret les avait déjà vainement cherchées et il avait été
dans l'impossibilité de suppléer au silence regrettable de
l'Ordonnance sur ce point. Il en avait conclu raisonnablement que cette distinction ne repose sur rien et que, si
elle était admise, elle jetterait la jurisprudence dans un
grand embarras, car le domicile communal n'étant plus le
domicile civil, les règles du droit civil ne serviront plus de
base à ses décisions, et, comme ce domicile communal
n'est défini nulle part, elle n'aura pour l'apprécier que l'arbitraire (1).

Enfin, un troisième système, tout en admettant que,
en 1827, on ait indubitablement voulu consacrer en matière forestière les principes généraux du domicile civil,
soutient que les rédacteurs du Code forestier ont exigé,
pour la participation à l'affouage, une fixité dans le domicile plus grande que celle exigée par le Code civil. C'est
dans ce but qu'ils auraient ajouté les expressions : *Réel et
Fixe*.

Mais nulle part, on ne trouve trace de cette intention
particulière du législateur. Et d'ailleurs, il importe en tous
cas de ne pas donner aux qualificatifs *Réel et Fixe* une
signification exceptionnelle et une importance plus grande
que celles qu'ils ont en réalité.

Ces expressions n'indiquent rien qui puisse différen-
cier le domicile affouager du domicile légal tel qu'il est
déterminé par le Code civil dans le titre 3 du livre
premier.

D'après le Code civil, en effet, l'établissement du domicile est subordonné à deux conditions : il faut qu'il y ait
prise de possession d'une habitation réelle dans un lieu dé-

(1) MIGNERET, p. 320.

terminé, jointe à l'intention d'y fixer son principal établissement (art. 103, C. civ.)

La première condition a été exprimée textuellement dans l'art. 105 du Code Forestier ; il faut un domicile réel, c'est-à-dire véritable. Par conséquent, celui qui n'aurait dans une commune qu'un domicile d'élection et n'y résiderait pas ne devrait pas être admis au partage de l'affouage. Il en serait ainsi d'un ouvrier qui s'établirait dans une commune, mais qui, ne trouvant pas de travail, la quitterait aussitôt après son arrivée (1).

La deuxième condition, c'est-à-dire l'intention de fixer son principal établissement dans le lieu où l'on a une habitation réelle, a été traduite par le législateur de 1827 par les mots de : domicile fixe, c'est-à-dire, suivant Curasson, certain et déterminé. Le dessein des rédacteurs ne pouvait être, en effet, d'exiger la justification d'une installation à perpétuelle demeure dans un lieu (2), mais seulement, ainsi que l'indiquent Curasson et Migneret (3), d'écarter de la liste d'affouage ceux qui n'auraient dans la commune qu'une maison de plaisance ou une simple résidence de fait, tandis que leurs intérêts et leurs affaires seraient effectivement ailleurs, ce qui est bien le même sens que celui de la deuxième condition de l'art. 103 du Code civil.

Cette opinion est indéniable, car, lorsque en 1827 M. de Berthier demanda la suppression du mot *fixe*, qui pouvait être mal interprété, le terme *domicile réel* devant suffire, le rapporteur, M. Favart de Langlade, répondit : « Nous nous sommes servis de l'expression légale. Tout fonction-

(1) Dijon, 15 nov. 1866. Rec. arrêts Dijon, 1870, p. 38.
(2) Tribunal Vesoul, 26 déc. 1881 (*Gazette du Palais*, II, p. 407).
(3) CURASSON, I, p. 440. — MIGNERET, p. 228-229.

naire qui habite une commune a bien un domicile réel et fixe : je ne vois pas pourquoi l'on supprimerait le mot *fixe*, surtout après l'addition (du mot réel) que propose la commission. »

Et, dès 1828, la Cour de Besançon consacrait ces principes en reconnaissant à un individu qui, quoique habitant souvent Ornans, avait conservé dans la commune de Chantrans le domicile qu'il s'y était fixé et où il avait des intérêts importants, le droit de participer à l'affouage de cette dernière commune (1).

Pour arriver à ce résultat, la Cour de Besançon se basait en effet sur ce que le demandeur avait conservé la majeure partie de ses intérêts à Chantrans et qu'il n'avait jamais manifesté l'intention de quitter cette commune, après y avoir fait une déclaration de domicile. Si la fixité avait dû être plus grande que pour le domicile ordinaire, le droit aurait été certainement refusé.

Le domicile dont il est parlé à l'art. 105 du Code forestier est donc le même que le domicile civil. C'est ce qu'a décidé un arrêt de la Cour de Metz du 23 novembre 1863 (2), suivant lequel « le domicile réel et fixe dont parle l'art. 105 du Code forestier n'est autre que le domicile civil, déterminé au titre 3 du livre premier du Code napoléon ; il s'acquiert, indépendamment de toute autorisation, par la volonté de l'individu et se révèle dans son établissement par la double circonstance du fait et de l'intention. »

On devra donc appliquer les principes des art. 102 et

(1) Besançon, 10 janv. 1828. — D. P., 28, 2, 201.

(2) D. P., 65, 2, 208. — En ce sens : Trib. Montmédy, 14 juin 1893 (*Revue des Eaux et Forêts,* Rép. 1894, p. 5).

suivants du Code civil. Par conséquent, d'une manière générale, toute personne pourra établir son domicile où elle le jugera à propos, et ce domicile donnera droit à l'affouage, s'il est *Réel et Fixe*, c'est-à-dire s'il y a habitation véritable dans un lieu jointe à l'intention d'y fixer son principal établissement (art. 103). Mais, d'après le Code civil lui-même (art. 105), la preuve de l'intention dépend des circonstances. Et, en effet, la fixité du domicile est une chose essentiellement relative, surbordonnée au métier et à la position de chacun ; en cas de contestation, ce sera aux tribunaux à décider, suivant l'usage et les circonstances, si le domicile réunit bien les deux conditions exigées par le législateur.

Dans certains cas exceptionnels, la loi impose elle-même un domicile à certaines personnes : elle a agi ainsi à l'égard des femmes mariées, des interdits, des majeurs travaillant habituellement chez autrui et des fonctionnaires nommés à vie.

La femme mariée n'a en principe d'autre domicile que celui de son mari (art. 108, C. civ.) Il en est ainsi même si elle est séparée de biens, car elle est toujours obligée de résider avec son mari, ou si elle est simplement séparée de fait, car la loi ne reconnaît pas les séparations de fait. Au contraire, il est évident qu'elle aura un domicile particulier si elle est veuve ou divorcée, c'est-à-dire si le lien du mariage est rompu ou si elle est séparée de corps. La discussion qui pouvait en effet avoir lieu sur ce point a été tranchée par la loi du 5 février 1893, d'après laquelle : La femme séparée de corps cesse d'avoir pour domicile légal le domicile de son mari.

Toutefois, en cette matière, il faudra tenir compte des circonstances de fait qui peuvent se présenter. C'est ainsi qu'il est admis en pratique que la femme non séparée judiciairement a droit à l'affouage, lorsque son mari a quitté le pays sans acquérir de domicile certain dans une autre localité. Dans ce cas, en effet, le mari demeure en droit domicilié dans la commune qu'il a quittée et continue à être inscrit aux rôles. La femme qui a conservé le domicile ancien bénéficie alors de l'inscription du mari. Il en sera de même pour la femme d'un absent, non déclaré tel par le Tribunal. Car, dans ce cas, le mari dont l'existence même est incertaine n'a pas acquis de nouveau domicile et par conséquent a toujours conservé l'ancien (1).

Le mineur non émancipé a son domicile chez ses père et mère ou tuteur; le majeur interdit a le sien chez son tuteur (C. civ., art. 108, § 2). Cette règle est générale et il n'y a pas à s'occuper de savoir si en pratique le mineur ou l'interdit résident ou non dans la famille où ils ont été placés par la loi : cette seule condition de résidence ne peut, en effet, modifier le droit.

Les individus qui servent ou travaillent habituellement chez autrui ont le même domicile que la personne qu'ils servent ou chez laquelle ils travaillent, lorsqu'ils demeurent avec elle dans la même maison (C. civ., art. 109).

A ce propos, il s'est élevé une discussion dans l'hypothèse où l'habitant d'une commune quitte sa famille pour travailler habituellement ou être domestique chez autrui et y demeurer. Cet individu a-t-il conservé son domicile ? Je crois qu'il faut répondre affirmativement s'il a l'intention de revenir près de sa famille dès que la cause de la séparation aura pris fin ; il est nécessaire, dans ce cas, de

(1) *Journ. des Communes,* mars 1890. — V. *Revue des Eaux et Forêts,* Répert. 1890, p. 62-63.

combiner l'art. 109 du Code civil avec l'art. 102 du même Code. C'est au lieu où se trouve sa famille que cet individu, éloigné momentanément, a conservé son principal établissement et par suite son domicile légal.

Cette solution a d'ailleurs été consacrée par un arrêt de la Cour de Dijon, suivant lequel l'individu qui s'engage dans un lycée pour un service temporaire doit être réputé avoir conservé son domicile au lieu où il habitait avant ce changement de résidence, s'il continue à y posséder une maison où résident sa femme et ses enfants, l'eût-il même quittée par suite de mésintelligence avec sa femme (1).

La disposition de l'art. 109 du Code civil ne s'applique pas aux vignerons, métayers, jardiniers, colons partiaires; elle ne concerne pas non plus les journaliers ou les ouvriers, et le séjour plus ou moins long qu'ils font dans une maison ne les empêche pas de conserver un domicile distinct (2).

Toutefois, la solution est controversée lorsqu'il s'agit d'ouvriers logés dans les manufactures où ils sont employés. Meaume (3) les identifie à de véritables domestiques qui, quant à leur domicile, sont sous la dépendance absolue de celui qui les emploie. Pour Migneret (4), rien n'est moins fixe que le prétendu domicile de ces ouvriers, qui peuvent, d'un moment à l'autre, être renvoyés et quitter le pays dans lequel ils n'ont aucune habitation.

Mais, ainsi que l'a fait remarquer Larzillière, il est impossible d'assimiler ces ouvriers à des domestiques, car

(1) Dijon, 24 juillet 1867. — D. P., 68, 2, 78.
(2) Trib. Gray, 13 nov. 1883 (*Gaz. Pal.*, 84, 1, 139).
(3) Meaume, II, n° 579.
(4) Migneret, n° 243.

le propriétaire ne les nourrit pas, ne les tient point à gages et solde leur travail à la pièce ou à la journée. D'autre part, la circonstance qu'ils sont logés dans les bâtiments dépendant d'une usine ne saurait créer de différence entre eux et les autres journaliers. « On devra, sans doute, pour trancher la question de domicile, tenir compte de ce fait qu'ils peuvent d'un moment à l'autre être renvoyés par leur maître et par suite être obligés de quitter le pays ; mais il n'y a là qu'un élément d'appréciation et, dans bien des cas, il est possible que, malgré cette situation précaire, des ouvriers d'usine soient domiciliés dans la localité où ils travaillent » (1).

Quant aux fonctionnaires publics, il faut distinguer s'ils sont inamovibles ou au contraire soumis à la révocation.

Dans le premier cas, ils acquièrent leur domicile de droit dans la commune où ils sont nommés à partir de cette nomination (C. civ., art. 107).

Au second cas, ils ne sont domiciliés dans la commune où ils se trouvent que du jour où ils y opèrent réellement la translation de leur domicile (C. civ., art. 106) (2).

Il est admis généralement que le changement de domicile d'un fonctionnaire amovible et l'établissement de son domicile dans le lieu où il exerce ses fonctions peuvent, à défaut de déclaration expresse, résulter des mêmes circonstances qui, à l'égard de simples particuliers, font présumer l'intention d'un changement de domicile (3).

---

(1) LARZILLIÈRE, p. 165-166. — En ce sens : PROUDHON, n° 975. — CURASSON, I, p. 451. — Besançon, 8 nov. 1882, D, 83, 2, 6. — Trib. Vesoul, 26 déc. 1881 (Journ. *La Loi*, du 21 janv. 1882).

(2) Dijon, 19 févr. 1873. Rec. arrêts Dijon, 73, p. 118.

(3) Cass., 11 juill. 1831. S. 31, 1, 362. — 20 juin 1832. S. 32, 1, 694.

C'est ce que le Conseil d'Etat a lui-même décidé à propos des desservants, assimilés en général à des fonctionnaires amovibles. Un arrêté du Conseil de Préfecture de la Haute-Garonne, en date du 1er mars 1845, avait rejeté la demande formée par le desservant d'une commune, à l'effet d'obtenir son inscription sur le rôle des affouagistes de cette commune. Le Conseil de Préfecture considérait que le réclamant ne remplissait pas la condition de domicile réel et fixe exigé par l'art. 105 du Code forestier, puisque, d'une part, ses fonctions de desservant étaient révocables, et que, d'autre part, le réclamant n'avait pas rempli les formalités prescrites par l'art. 104 du Code civil, pour transférer son domicile dans ladite commune.

Le desservant se pourvut contre cette décision, s'appuyant sur ce que, d'après les textes mêmes du Code civil, l'intention seule, jointe au fait de l'habitation réelle, suffit pour emporter translation de domicile. Sur les observations du Ministre de la Justice et du Ministre de l'Intérieur, le Conseil d'Etat annula, le 15 mai 1848, l'arrêté du Conseil de Préfecture. Il invoquait comme argument les travaux préparatoires du Code de 1827, très formels sur ce point, et ce fait qu'on ne pourrait dénier le domicile réel et fixe à un desservant dont les fonctions sont sédentaires et exigent une résidence effective, un établissement fixe.

Quant aux curés, ils sont, au point de vue du domicile, soumis à la même règle que les fonctionnaires inamovibles.

Les militaires ne sont pas domiciliés en principe dans le lieu où ils sont en garnison. Il en est toujours ainsi des soldats casernés qui conservent leur ancien domicile. Au contraire, les officiers sont domiciliés dans la ville où ils se trouvent en garnison. Il en est de même des sous-officiers mariés qui sont autorisés à vivre avec leur famille en dehors de la caserne.

Le gendarme qui fait partie du service des brigades peut transférer son domicile réel dans le lieu où il exerce ses fonctions, et il est réputé avoir opéré cette translation lorsque, étant établi dans ce lieu avec sa famille, il n'a conservé aucun autre centre d'affaires ou d'intérêts (1). La même règle doit être appliquée aux douaniers (2), ainsi qu'aux gardes et brigadiers forestiers (3).

§ 2. — *Epoque à laquelle le domicile doit exister.*

Avant 1883, il est très peu de questions qui aient soulevé d'aussi vives controverses que celle de savoir à quel moment il est nécessaire d'être domicilié dans une commune pour prendre part à la délivrance affouagère de l'année. Il ne s'était produit pas moins de sept systèmes sur ce point.

On pouvait les répartir en trois groupes : les uns (4) exigeaient que le domicile ait existé dans la commune un certain temps avant la Publication du Rôle, les autres (5) imposaient l'existence du domicile au moment seulement

(1) Dijon, 19 févr. 1873, S. 74, 2, 149.
(2) Nancy, 16 déc. 1893, S. 94, 2, 78.
(3) Dijon, 23 janv. 1869, Rec. arrêts Dijon, 71, p. 259.
(4) V. BAUDRILLART, *Code forestier*, sur l'art. 105.
(5) Cs. GUYÉTANT, anc. édit., n° 113,

du partage effectif de l'affouage; d'autres enfin (et c'était l'opinion de Proudhon) obligeaient les réclamants à posséder le domicile réel et fixe au moment de la publication du rôle.

La plus grande incertitude régnait également dans l'administration et dans la jurisprudence. Dans le dessein de mettre un terme à ces discussions sans résultat, la Chambre des Députés avait, en 1883, posé en principe que le domicile réel et fixe dans la commune devait exister six mois au moins avant la publication du rôle. Cette exigence avait été inspirée par l'intention de mettre fin à une pratique illicite qui, trop souvent, s'exerce dans nos campagnes au préjudice des habitants sérieux, des ayants-droit véritables.

« Il arrivait souvent, disait M. Lelièvre, que des gens, nomades en réalité, n'ayant ni famille, ni intérêts dans une commune, venaient y établir leur domicile au moment opportun pour participer à l'affouage, sauf à l'abandonner dès qu'ils avaient été mis en possession de leur lot. Leur habitation, louée suivant la coutume des lieux, c'est-à-dire pour un temps relativement court, pourvue d'un mobilier suffisant, leur servait de prétexte pour demander l'affouage et de justification pour l'obtenir. Puis, ce résultat acquis, ces écumeurs de bois transportaient ailleurs, mais toujours dans les communes riches en bois, leur domicile improvisé, pour prélever sur elles les mêmes avantages. D'autres fois, et le cas est fréquent, ce sont des familles dont les membres réunis d'ordinaire se séparent au moment des coupes pour transporter, dans les communes éloignées ou même voisines, des domiciles spéciaux dans l'unique but de recueillir chacun un lot de bois. Le gain réalisé, ils se réunissent à nouveau pour en consommer ou en vendre le produit » (1).

Mais la rédaction admise par la Chambre fut modifiée au Sénat. « Les faits signalés, disait M. Chaumontel dans son rapport, ne constituent que des abus imputables non à la Loi, mais à la commune qui en a fait une fausse application. Pour les prévenir, il suffit de veiller à ce que tout individu porté sur le rôle ait le domicile réel et fixe, c'est-à-dire le domicile légal exigé par l'art. 105. Il est préférable de laisser aux tribunaux le soin d'apprécier, dans les cas particuliers qui peuvent se présenter, si le domicile invoqué présente les caractères exigés par les art. 103 et 104 du Code civil. Du reste, il ne serait pas sans inconvénients de prescrire un délai de séjour déterminé. Dans le cours d'une année, le personnel d'une ferme, d'un emploi peut être changé. Il ne serait pas juste de priver les nouveaux venus des avantages dont jouissaient leurs prédécesseurs » (2).

D'ailleurs, depuis longtemps déjà, Guyétant, répondant à la même objection (3), avait reconnu que les inconvénients signalés n'étaient pas très à craindre. Il est bien évident que le Conseil municipal devrait fermer l'oreille à toutes les réclamations qui seraient faites par des individus dont la position serait équivoque ou douteuse. « Si les réclamants, ajoutait-il, persistaient dans la mauvaise voie où ils se seraient engagés en poussant l'impudence jusqu'à diriger une action judiciaire contre la commune,

(1) V. Rapport de M. Lelièvre, du 1er juin 1882.

(2) Rapport de M. Chaumontel au Sénat, le 7 juillet 1883 (Journal Officiel des 25 et 26 juillet 1883. Annexe n° 309, p. 868 et 869.

(3) Guyétant, anc. édit., p. 235 et suiv.

le maire devrait y défendre avec confiance, parce que les tribunaux, appréciateurs éclairés des circonstances, s'empresseraient de repousser des prétentions aussi injustes. »

Quoi qu'il en soit, la rédaction nouvelle adoptée par le Sénat exigea l'existence du domicile au moment seul de la publication du rôle. Puis, la Chambre des Députés adopta sans discussion la modification, de sorte que le nouveau texte semble bien supprimer toute contestation sur ce point. Il suffit, en effet, pour participer à l'affouage, d'avoir dans la commune un domicile réel et fixe avant, c'est-à-dire au moment de la publication du rôle (1).

Et cependant, aujourd'hui encore, l'administration municipale de certaines communes forestières exige, d'une manière générale, que le domicile réel et fixe existe six mois avant la publication du rôle. On invoque, en ce sens, l'autorité de M. Lelièvre ; mais il faut bien remarquer que, dans son second rapport à la Chambre, M. Lelièvre lui-même, en présence des inconvénients que sa première théorie suscitait, l'avait abandonnée pour se soumettre au système de M. Chaumontel (2). De plus, cette pratique est aujourd'hui essentiellement illégale ; elle est contraire non seulement au texte, mais aussi à l'esprit même de la Loi, et, en cas de contestation, les tribunaux doivent toujours repousser cette interprétation erronée.

..... Depuis la loi du 23 novembre 1883, il est donc nécessaire, pour participer à l'affouage, d'être domicilié dans la commune affouagère au moment de la publication

---

(1) On sait qu'en matière d'affouage, on distingue deux sortes de rôles : le rôle provisoire et le rôle définitif. Il ne s'agit dans le texte que du rôle provisoire, qui seul est publié.

(2) 2ᵉ Rapport de M. LELIÈVRE, 8 nov. 1883 *(Journ. Off.*, 11 janv. 1884. Annexe nᵒ 2339, p. 2021).

— 68 —

du rôle provisoire. Toute acquisition de domicile postérieure à cette époque ne pourrait donner aucun droit au
partage.

Mais le fait d'être domicilié dans la commune au moment
de la publication du rôle constitue-t-il pour l'individu
domicilié un droit irrévocablement acquis, tellement qu'il
le conserverait quels que soient les évènements postérieurs
et que, s'il mourait avant le partage, ce droit passerait sur
la tête de ses héritiers.

Guyétant l'admet (1). Il invoque en ce sens les termes
mêmes de l'art. 105. « Cet article, dit-il, porte que le partage « se fera » par feu, c'est-à-dire par chef de famille
ayant domicile réel et fixe dans la commune avant la
publication du rôle. Or, ces mots « se fera » sont l'indication formelle du mode d'exercice du droit d'affouage ;
ils sont, de plus, impératifs, absolus, sans réserve. Donc,
le partage ne peut se faire dans d'autres conditions. » Or,
c'est ce qui arriverait, ajoute-t-il, si, par suite de circonstances quelconques, un ou plusieurs chefs de famille, qui
avaient domicile avant la publication, étaient exclus du
partage : on ne serait plus dans les termes de la Loi.

Mais, suivant Guyétant lui-même, l'expression « se
fera » se rapporte exclusivement au mode de partage. Et
d'ailleurs, même en supposant qu'ils dominent toute la
phrase, on n'en peut guère tirer argument, car il ressort
des travaux préparatoires que les mots « avant la publication du rôle » ont été insérés uniquement pour éviter la
fraude de ceux qui établiraient leur domicile dans la commune affouagère à la veille seulement du partage. Tout ce
que l'on peut raisonnablement en conclure, c'est que la

(1) GUYÉTANT, nouv. édit., p. 122-123.

qualité de domicilié doit nécessairement exister, comme je l'ai dit, avant la publication du rôle ; mais il me semble que rien, ni dans le texte de l'art. 105, ni dans les travaux préparatoires, n'indique la volonté du législateur de créer un droit acquis irrévocable au profit de tous les chefs de famille domiciliés avant la publication.

L'opinion de M. Chaumontel, que rapporte Guyétant, est une opinion toute particulière et essentiellement personnelle, dont on ne retrouve aucune trace ni dans les discussions, ni dans le rapport de M. Chaumontel au Sénat.

D'autre part, le système de Guyétant faciliterait les fraudes, puisqu'il suffirait, pour prendre part au partage, de posséder un seul instant la qualité de domicilié et, de plus, il aboutirait en réalité à délivrer une part d'affouage à des individus qui ne seraient pas membres de la communauté affouagère.

Ainsi, un chef de famille domicilié dans la commune avant la publication et inscrit au rôle, quitte ensuite cette commune avant le partage et sans intention d'y revenir. Pourtant, comme il aurait un droit acquis, il continuerait à recueillir une part au moment de la répartition, ce qui serait injuste.

Autre exemple : un chef de famille domicilié avant la publication et inscrit au rôle meurt avant le partage. Ses héritiers sont tous domiciliés hors de la commune affouagère ; pourtant, si le *de cujus* avait un droit acquis, ils bénéficieront de la part d'affouage qui aurait dû lui profiter. Cependant, ils ne répondraient pas aux conditions de la loi.

J'arrive donc à la conclusion suivante : Pour participer au partage de l'affouage, il faut nécessairement être domi-

cilié dans la commune affouagère avant la publication du
rôle ; mais le fait d'avoir un domicile à cette époque ne
donne pas naissance à un droit acquis et on peut perdre
postérieurement à la publication le droit que l'on possédait
à ce moment.

Reste à ce sujet à répondre à deux questions : Dans
quels cas ce droit pourra-t-il être perdu ? Jusqu'à quelle
époque pourra-t-il être perdu ?

Le droit à l'affouage, résultant de la qualité de domicilié
avant la publication, sera perdu si, postérieurement à
cette publication. on acquiert un nouveau domicile réel
et fixe dans une autre commune, ou si l'on perd sans
esprit de retour le domicile que l'on possédait dans la
commune affouagère.

Toutefois, il faut bien remarquer que la perte du domicile n'influera sur le droit à l'affouage que si elle se produit
avant l'homologation du rôle par le préfet, car, nous le
verrons plus tard, à ce moment la liste est définitive, irrévocable, et les réclamations qui se produisent postérieurement ne peuvent avoir d'influence que sur le rôle de
l'année suivante.

II.

Des Droits de l'Etranger au Partage de l'Affouage.

L'ancien art. 105 du Code forestier, dont la rédaction
datait de 1827, ne faisait aucune allusion aux étrangers.
Aussi, s'élevait-il fréquemment de très sérieuses discus-

sions pour déterminer si l'étranger, habitant une commune affouagère française, devait être considéré comme membre de la communauté au sein de laquelle il avait fixé sa résidence, et s'il pouvait participer à l'affouage.

Trois systèmes principaux s'étaient fait jour sur la question.

D'après quelques auteurs et la majorité de la jurisprudence, la qualité de Français n'était pas nécessaire pour participer à l'affouage ; l'étranger y avait toujours droit dans la commune qu'il habitait, à condition, bien entendu, qu'il réunît les conditions d'aptitude imposées d'une manière générale par l'art. 105 du Code forestier (1).

Une deuxième opinion, complètement opposée, et consacrée par le Conseil d'État et la Cour de Colmar (2), refusait sans distinction à l'étranger toute participation à l'affouage.

Enfin, un troisième système, admis momentanément (26 février 1838), puis abandonné par la Cour de Cassation, posait en principe que le droit à l'affouage était un droit civil et que, par conséquent, l'étranger ne pouvait en jouir que dans le cas où il pouvait exercer les droits civils français, c'est-à-dire, suivant l'art. 13 du Code civil, quand il avait été autorisé à fixer son domicile en France (3).

Aujourd'hui, ces discussions ne peuvent plus avoir lieu, car le troisième système a été consacré législativement dès 1873. A cette époque, en effet, le Gouvernement, après des plaintes multiples et plusieurs pétitions successives,

(1) Cs. MEAUME, T. II, p. 135 et suiv.
(2) Colmar, 20 janv. 1840 (dans MEAUME, II, p. 138 et suiv.)
(3) GUYÉTANT, anc. édit., n° 103, p. 145 et suiv.

présenta sur cette matière un projet de loi à l'Assemblée nationale. Le rapporteur de la commission, M. Mazeau, justifiant l'exclusion des deux premiers systèmes et montrant les avantages qu'allait produire la nouvelle règlementation, s'exprimait ainsi (1) : « D'une part, le bien général n'exige-t-il pas qu'on éloigne, des communes propriétaires de forêts, les indigents des contrées limitrophes de la France, disposés à s'installer dans ces communes, soit afin d'échapper à la vindicte publique pour des méfaits commis chez eux, soit afin de se soustraire au service militaire, à la fois dans leur pays et dans le nôtre, tout en jouissant des avantages que leur procure leur établissement sur le territoire français ?

« D'autre part, l'intérêt public ne demande-t-il pas, tout aussi impérieusement, que nous recevions avec faveur les étrangers honnêtes, aimant le travail, qui apportent à notre industrie et à notre agriculture le concours de leur habileté et de leurs bras ?

« N'est-il pas opportun de chercher à conserver dans les campagnes ceux d'entre eux qui viennent s'y fixer et qui ont aussi cette propension fâcheuse, constatée déjà chez nos nationaux, d'émigrer vers les villes, dans l'espoir souvent déçu d'y trouver un salaire plus élevé ou une existence plus facile ? » (2).

A la suite de ce rapport, tous les amendements contraires furent rejetés et le projet du Gouvernement, devenu la loi du 25 juin 1874, forma le paragraphe 2 de l'art. 105,

(1) Rapport de M. MAZEAU, le 24 mars 1874. *Journ. Officiel*, Annexe n° 2334.

(2) Voy. en ce sens : Lettre du Ministre de la Justice en date du 8 nov. 1825, rapportée dans MEAUME, T. II, p. 142, note 4.

ainsi conçu : « L'étranger qui remplira ces conditions (conditions d'aptitude de l'art. 105) ne pourra être appelé au partage qu'après avoir été autorisé, conformément à l'article 13 du Code civil, à établir son domicile en France » (1).

La loi du 23 novembre 1883, en modifiant les conditions de participation à l'affouage, n'a pas touché, comme on l'a vu, à l'innovation de la loi de 1874, qui est devenue le dernier paragraphe de l'art. 105 actuel.

De sorte qu'aujourd'hui l'étranger, autorisé à établir son domicile en France, est complètement assimilé aux habitants français de la commune affouagère. Tandis, au contraire, que l'étranger, non autorisé par le Gouvernement à se fixer en France, n'a certainement aucun droit au profit des forêts communales.

Et, en résumé, l'étranger n'est membre d'une communauté affouagère qu'à deux conditions : il faut, en effet, non seulement qu'il ait un domicile réel et fixe dans la commune avant la publication du rôle, mais encore qu'il ait été autorisé à établir son domicile en France.

Enfin, depuis la loi du 26 juin 1889, la capacité de l'étranger en matière d'affouage doit être appréciée suivant l'art. 13 actuel du Code civil.

Les deux derniers paragraphes de ce texte seront donc observés.

Si, à l'expiration de cinq années, l'étranger ne demande pas la naturalisation ou si sa demande est rejetée, l'effet de l'autorisation cessera et l'étranger devra être rayé du rôle d'affouage, sur lequel il avait été inscrit, dans la commune où il résidait. De même, en cas de décès de l'étranger

(1) En ce sens : Lyon, 24 mai 1878. — D. P., 78, 2, 259.

avant la naturalisation, l'autorisation et le temps de stage qui a suivi profiteront à la femme et aux enfants qui étaient mineurs au moment du décret d'autorisation. Ceux-ci feront donc partie de la communauté et participeront au partage de l'affouage, s'ils se trouvent toutefois dans la situation prévue par l'article 105, § 1, du Code forestier.

III

DE L'INFLUENCE DES RÉUNIONS OU DISTRACTIONS DE COMMUNES SUR LE DROIT A L'AFFOUAGE COMMUNAL

Il peut arriver et il arrive même fréquemment en fait qu'une commune se compose de plusieurs sections dont chacune possède des biens particuliers. Si l'une de ces sections est propriétaire exclusive d'une forêt, il ne suffira plus, pour participer à l'affouage, d'être membre de la commune d'une manière générale, il faudra avoir un domicile réel et fixe dans la section affouagère dont les habitants jouissent seuls du bois.

Ce n'est qu'une conséquence de la nature même de l'affouage communal, mais la question se complique dans certains cas, principalement dans les hypothèses où des sections viennent à être enlevées à une commune pour être réunies à une autre. Ce sont ces cas particuliers qu'il convient d'examiner.

En principe, et d'une manière générale, il est uniformément admis que les réunions ou distractions de communes ne portent aucune atteinte aux droits de propriété

ou de jouissance des communes ou sections de communes
réunies ou séparées, de même que la réunion d'une section
à une commune ne fait acquérir à la section aucun droit
sur les biens de même nature qui appartenaient à cette
commune.

Ces règles, admises d'abord par les auteurs et la jurisprudence, ont été, en effet, reconnues par une circulaire du
ministre de l'intérieur en date du 7 avril 1828, relative aux
changements de circonscription de communes, puis con-
sacrées par la Loi du 18 juillet 1837 sur l'administration
municipale, et enfin par la Loi du 5 avril 1884, dont l'art. 7
est ainsi conçu : « La commune réunie à une autre commune conserve la propriété des biens qui lui appartenaient.
Les habitants de cette commune conservent la jouissance
de ceux de ces mêmes biens dont les fruits sont perçus en
nature. Il en est de même de la section réunie à une autre
commune pour les biens qui lui appartenaient exclusivement..... En cas de division, la commune ou la section
de commune réunie à une autre commune ou érigée en
commune séparée, reprend la pleine possession de tous de
tous les biens qu'elle avait apportés..... »

Mais il faut, en cette matière, étudier particulièrement
ce qui se passe en pratique. Or, trois hypothèses peuvent
se présenter : il arrive en effet que deux communes soient
réunies en une seule, — qu'une section soit établie comme
commune indépendante, — ou enfin qu'une section soit
enlevée à une commune pour être rattachée à une autre.

1er *Cas*. Une commune, jusque-là indépendante, est
réunie à une autre commune.

Conformément à la Loi de 1884, les habitants de l'ancienne commune conservant la propriété de leurs biens

particuliers et la jouissance de ceux dont ils percevaient les fruits en nature, auront seuls droit à l'affouage provenant des bois appartenant à leur ancienne communauté; ils paieront seuls les frais particuliers attachés à leur perception. Par conséquent, la réunion ne changera rien à leur droit (1). Mais il faut reconnaître, d'autre part, que cette réunion ne fera acquérir aucun droit à l'ancienne commune sur les biens de même nature appartenant à la communauté dont elle fera désormais partie, sinon le droit exclusif de propriété de cette commune serait illégalement modifié.

Donc, à moins d'une exception consacrée par un décret spécial, chaque commune conserve pour l'affouage ses droits respectifs. Déjà, pendant la période révolutionnaire, cette réserve nécessaire avait été consacrée par les considérants d'un arrêté du Directoire du département du Jura, en date du 4 octobre 1790, qui prononce la réunion des communes de Montlibot, Chatelet et les Granges des Prés-de-Crans à celle de Foncine et des Planches, à l'effet de ne former qu'une seule municipalité. « Le Directoire invite les deux derniers villages à se prêter à cette réunion, avec déclaration, au surplus, que cette association n'emporte pas avec elle la confusion des bois et autres communaux particuliers à chacun des villages, mais que, au contraire, chacun d'eux les conservera en propre et en jouira exclusivement aux autres, de la manière et ainsi qu'il en jouissait par le passé » (2).

Dans toutes les réunions postérieures, les mêmes réserves furent faites; enfin, la Loi de 1837 et les lois pos-

(1) En ce sens, Conseil d'Etat, 27 mai 1816. (S. et P. chr).
(2) Aucoc, p. 75.

térieures la consacrèrent. Il s'ensuit principalement aujourd'hui que si l'on réunissait à une commune affouagère
une autre commune où l'affouage est inconnu, cette dernière ne profitera pas plus qu'avant sa réunion du produit
des bois communaux de la commune à laquelle elle est
réunie.

Il en est évidemment de même lorsque, au lieu d'une
commune entière, c'est seulement un domaine indépendant
qui est ensuite réuni à une commune. Au commencement
du siècle, cette situation présentait une très grande importance relativement aux abbayes et monastères répandus
dans les campagnes, lesquels occupaient un territoire distinct des communes voisines et qui, après avoir été vendus
nationalement à l'époque de la Révolution, avaient été
réunis au territoire des communes voisines. Dans ce cas,
en effet, on ne voit pas pourquoi, ainsi que l'administration
l'avait primitivement décidé, on ferait participer à l'affouage communal ces domaines qui, conservant leurs propriétés spéciales et la jouissance exclusive des fruits de
ces biens, sont par conséquent de véritables sections de
communes.

2° *Cas*. Une section de commune est séparée de la commune dont elle faisait partie et élevée au rang de commune
indépendante.

Dans ce cas, le principe est le même qu'à la première
hypothèse. L'ordonnance ou le décret de distraction ne
concerne que les nouveaux rapports administratifs applicables au territoire; il est sans influence sur les droits de
propriété qui appartenaient à la section. Toutefois, une
distinction est ici nécessaire. Avant sa distraction, en
effet, la nouvelle commune pouvait jouir de l'affouage à

deux titres différents, soit que les bois sur lesquels son droit s'exerçait lui appartinssent à titre privatif, soit qu'elle en eût la propriété concurremment avec l'ancienne commune dont elle faisait partie.

Dans la première hypothèse, c'est-à-dire lorsque la section, avant sa distraction, avait sur les bois communaux des droits privatifs résultant d'un texte et qu'elle devient ensuite commune séparée, elle conserve sans aucun doute ses droits dans toute leur intégrité.

Au deuxième cas, il faut supposer que la propriété des bois communaux appartenait à la commune, considérée comme occupant un territoire déterminé. Il est évident que les habitants de la section distraite, toujours domiciliés sur ce territoire, malgré leur séparation de la commune primitive, continueront à participer aux produits des bois communaux. En conséquence, la propriété dont il s'agit sera désormais indivise entre deux communes et, au point de vue de l'affouage, les deux communes seront censées encore réunies. Mais, alors, suivant l'art. 92 du Code forestier, qui n'est lui-même qu'une conséquence de l'art. 105 du Code civil, le partage des bois communaux pourra toujours être provoqué par l'une des communes. La partie de forêt que le partage fera alors acquérir à chaque commune entrera dans son patrimoine exclusivement et *in perpetuo,* car, en pareille circonstance, les règles ordinaires du partage reçoivent leur application ; les communes étant, en effet, considérées comme des personnes morales, étrangères l'une à l'autre, conséquemment capables de s'obliger réciproquement et définitivement, de même que de simples particuliers. En sorte que, si plus tard les deux communes étaient de nouveau réunies, leurs bois respectifs leur resteraient propres et les seuls habitants de chaque commune prendraient part à l'affouage et au produit des bois dont ils auraient la jouissance spéciale (1).

..... 3ᵉ *Cas*. Une section est distraite d'une commune pour être rattachée à une autre commune.

Cette troisième hypothèse, la plus fréquente actuellement, n'est à proprement parler que la réunion des deux premières, et pour résoudre les difficultés qu'elle peut susciter, il suffit d'appliquer les règles que j'ai posées dans les deux premiers cas. C'est ainsi que la section n'acquerra certainement aucun droit sur les forêts dont la propriété appartient spécialement à la commune à laquelle elle est réunie. Au contraire, malgré sa distraction, la section conservera tous les droits privatifs à l'affouage qu'elle possédait spécialement et continuera à participer au produit des bois dont elle avait la propriété concurremment avec l'ancienne commune à laquelle elle était réunie. Le plus souvent, dans ce dernier cas, le partage de la forêt commune aura lieu afin d'éviter des difficultés. Mais il n'en est pas moins vrai que si ce partage n'est pas effectué, les forêts dont il s'agit resteront indivises entre la section et la commune dont elle a été séparée, et l'affouage se percevra comme si aucun changement n'était survenu.

Les mêmes principes devront recevoir leur application, lorsqu'il s'agira de hameaux ou de grands domaines qui seront distraits d'une commune pour être réunis à une autre. Mais, il faut pour cela que ces hameaux possèdent des droits privatifs, ou tout au moins qu'ils aient acquis, concurremment avec la commune dont ils sont séparés, des droits de propriété sur certains bois. Dans ces deux cas,

(1) GUYÉTANT, nouv. édit., p. 39.

en effet, ce sont de véritables sections de communes. Le Conseil d'État l'avait déjà solennellement reconnu par un décret rendu le 17 janvier 1813, sur la requête des habitants de Tourmont. Ce décret annulait un arrêté du préfet du Jura, sur la date du 29 novembre 1810, par lequel il était enjoint au Conseil municipal de cette commune de comprendre, dans la distribution de l'affouage pour 1811, les habitants du hameau des Soupois, réuni à la commune. Postérieurement au Code forestier, un arrêt de la Cour de Besançon du 28 février 1828 a repoussé la prétention des habitants du domaine du Carouget, qui voulaient participer à l'affouage communal dans la commune de Champagney à laquelle ils avaient été réunis après leur distraction en 1807 de la commune de Champvans. La même conclusion a été consacrée par un arrêt de la Cour de cassation du 18 juillet 1861 (1).

..... Il importe de distinguer avec soin des hypothèses que je viens d'exposer le cas où la Réunion ou la Distraction porteront, non plus sur une section de commune proprement dite, mais sur une portion quelconque du territoire d'une commune.

C'est bien à tort, en effet, que l'on donne, dans un sens général, il est vrai, le nom de section de commune à un hameau ou à une portion de territoire dont les habitants n'ont aucune propriété différente, aucun droit distinct des autres habitants de la commune dont ils sont séparés et qui, au point de vue des biens de cette commune, ne constituaient qu'une simple circonscription géographique.

Supposons, en effet, que la propriété d'une forêt ait été

(1) S. 1862, I, 886.

concédée à une commune sans désignation de territoire déterminé. Dans ce cas, tous les habitants de la commune participeront à l'affouage, mais seulement comme habitants de la communauté affouagère, et ils n'auront certainement plus aucun droit, s'ils cessent de faire partie de cette commune. Objectera-t-on le droit de co-propriété qu'ils ont sur les bois, droit que ne peut leur ravir une simple mesure administrative? Mais, ici, ce droit ne repose plus, comme au cas de section de commune, sur leur qualité d'habitants d'un territoire déterminé; dans le cas actuel, il était fondé exclusivement sur cette circonstance qu'ils faisaient partie de la communauté affouagère. Ce fondement disparaissant, les conséquences ne doivent naturellement plus exister.

Il s'ensuit, par conséquent, que, si l'on sépare d'une commune un hameau ou une portion de territoire qui ne possédait pas de droits distincts, cette distraction lui enlève évidemment tout droit de participation aux affouages de la commune à laquelle il appartenait.

Mais, d'autre part, les habitants de ce territoire distrait d'une commune vont-ils participer à l'affouage dans la commune à laquelle ils sont réunis? Je crois que, raisonnablement, une distinction est ici nécessaire. Si la propriété des bois avait été concédée à la commune envisagée comme occupant un territoire déterminé, tout ce qui sera ajouté administrativement à ce territoire n'aura aucun droit au produit de ces forêts, et dès lors, la portion de commune ajoutée deviendra réellement une section spéciale ayant seule, mais exclusivement droit aux produits de son territoire particulier.

Si, au contraire, la propriété des forêts avait été donnée à la commune sans autre désignation, la portion de territoire ajoutée administrativement augmentera seulement le territoire primitif, et les anciens habitants de la commune voyant leur propriété augmenter, ne seront pas fondés à refuser l'affouage aux nouveaux habitants devenus comme eux membres de la communauté affouagère.

En somme, dans le cas que je viens d'expliquer, ce n'est plus la Loi de 1837 (art. 6), et la Loi de 1884 (art. 7), qu'on applique, mais on ne fait que suivre les principes posés par l'art. 105 du Code forestier, modifié par la Loi du 23 novembre 1883.

La jurisprudence ne fait pas souvent cette distinction. Cependant, le Conseil d'Etat a décidé le 7 février 1848 (1) que lorsqu'une portion de commune vient à en être distraite, les habitants cessent d'avoir droit à l'affouage, même si la Loi de distraction porte réserve des droits d'usage et autres respectivement acquis.

C'est, enfin, ce qu'a décidé un arrêt plus récent de la Cour de Besançon en date du 8 mars 1893 (2), rendu dans les circonstances suivantes : Le hameau des Clairons, appartenant à la commune d'Arguel, en avait été distrait en 1832 pour être réuni à la commune de Pugey. Postérieurement à cette distraction et à la réunion qui l'avait suivie, le sieur Lancrenon était venu habiter le hameau des Clairons. S'appuyant sur une pratique existant en faveur de certains habitants du hameau, Lancrenon demande à participer à l'affouage d'Arguel, mais le Tribunal civil de Besançon lui dénie ce droit par un jugement du 23 juin 1892. Sur la réclamation qu'adressa alors Lancrenon après un nouveau refus aussi catégorique de la commune de Pugey de l'ins-

(1) P. adm. chron.
(2) Besançon, 8 mars 1893. D. 1894, II, 30.

crire sur les listes d'affouage, la Cour de Besançon, partant
du principe que le hameau des Clairons n'était pas une
section de commune, et que les habitants du hameau
n'avaient exercé leur droit à l'affouage sur les bois d'Arguel
qu'à titre d'habitants d'Arguel et non en vertu d'un droit
spécial existant à l'égard du territoire qu'il habitait, condamne la commune de Pugey à délivrer l'affouage à
Lancrenon (1).

Il est intéressant et curieux en même temps de rappro-
cher de cette décision un arrêt de la même Cour de
Besançon du 11 juillet 1894, qui confirmait purement et
simplement un jugement du Tribunal civil de la même
ville en date du 28 décembre 1893. L'espèce, d'ailleurs,
était peu différente de celle que je viens de rappeler. Jusqu'en 1887, malgré leur distraction, les habitants du
hameau des Clairons avaient continué à participer à l'affouage d'Arguel. A cette époque (1887), la commune
d'Arguel leur refusa ce droit, et sur leur réclamation
adressée simultanément aux deux communes (d'Arguel et
de Pugey), le Tribunal de Besançon, partant cette fois du
principe que le hameau des Clairons étant une section de
commune, avait conservé tous ses droits de co-propriété

(1) L'arrêt établissait bien la distinction : « *Attendu que le hameau
des Clairons n'était pas une section de commune, mais un
simple hameau de la commune d'Arguel, au commencement
de ce siècle ; qu'il n'avait pas de limites déterminées ; qu'aucun droit distinct de propriété ou aucun démembrement de
propriété n'existait à son profit singulier sur les bois communaux d'Arguel en dehors de ceux accordés par la Loi à
la généralité des habitants ; que les habitants du hameau
exerçaient leurs droits à l'affouage comme ceux d'Arguel à
titre seulement d'habitants et non en vertu d'un droit spécial
existant à l'égard des territoires qu'ils habitaient.... »*

après la distraction, condamnait la commune d'Arguel à inscrire à l'avenir les demandeurs sur la liste des affouagistes (1).

Les conséquences auxquelles la Cour de Besançon arrive

(1) Tribunal civil de Besançon. Jugement du 28 décembre 1893.

« Attendu que l'affouage n'est qu'un mode restreint de jouissance des produits de la chose commune et indivise, que les décisions de l'autorité publique qui réunissent ou divisent plusieurs communes ou sections de communes, n'exercent aucune influence sur les droits de propriété qui appartenaient à celles-ci avant le décret réglant les nouvelles circonscriptions communales ; que, par suite, la section ou, comme dans l'espèce, le hameau, séparé d'une commune pour être réuni à une commune voisine, n'acquiert aucun droit sur les biens de cette dernière commune dont les produits se perçoivent en nature et conserve tous ses droits sur les biens de la communauté dont elle est administrativement séparée, spécialement son droit aux affouages ; que le décret du 17 janvier 1815 décide, en termes exprès, que la réunion des communes ne doit porter aucune atteinte à leurs droits de propriété respectifs (Cass., 18 juillet 1861).

« Attendu, en fait, que le hameau des Clairons, faisant autrefois partie de la commune d'Arguel, en a été distrait administrativement vers 1832 et a été réuni au territoire de la commune de Pugey ; que les demandeurs sont tous trois domiciliés au hameau des Clairons, où ils possèdent une habitation à feu distinct, leur assurant le droit à l'affouage ; que tous trois habitent avec leur famille, depuis un grand nombre d'années, des maisons construites longtemps avant la réunion dudit hameau à Pugey, ainsi qu'il résulte des documents et renseignements fournis, qui rendent sur ce point toute expertise inutile ; que jusqu'en 1887, ils ont comme leurs devanciers touché sans aucune difficulté, sans conteste leur portion d'affouage à Arguel ; que, depuis cette époque, sur le refus de cette dernière commune, ils l'ont vainement réclamée, tantôt à la commune de Pugey, tantôt à celle d'Arguel ; que pour vaincre leur résistance, ils se sont vus dans la nécessité de les actionner toutes deux en justice pour faire valoir leurs droits.

« Attendu qu'il ressort des principes ci-dessus posés que les de-

dans les deux cas sont conformes aux règles que j'ai
exposées. Mais, ce qui me semble difficile d'expliquer, c'est
la variation dans le principe admis.

Car si, comme le dit la Cour dans son arrêt du 8
mars 1893, le hameau des Clairons n'est pas une section

mandeurs ont, malgré la distraction du hameau qu'ils habitent de la
commune d'Arguel, conservé dans cette commune leurs droits à l'affouage acquis par leurs devanciers avant la séparation et respectés depuis cette époque jusqu'en 1887 en leur personne et en celle de leurs
auteurs ;

« Attendu qu'aucun des termes de la transaction du 13 mars 1830
pour la commune d'Arguel ne peut servir à établir que le hameau des
Clairons dépendait au siècle dernier de la commune de Pugey ; que ce
fait, fut-il même établi, ne modifierait en rien la situation, puisqu'il
est incontestable qu'au moment de son rattachement à Pugey, Clairon
faisait partie d'Arguel, et que ses habitants y touchaient leur portion
d'affouage ; qu'à l'appui de son dire, que ce hameau possédait en 1831
des terrains communaux dont ses habitants jouissaient et jouissent
encore seuls, ladite commune ne produit aucun renseignement, aucun
document de nature à rendre vraisemblable la nouvelle prétention de
la commune ; que l'expertise sollicitée en divers points est donc inutile ; que, dans ces circonstances, il y a lieu de décider que la commune d'Arguel est seule tenue, vis-à-vis des demandeurs, de délivrer
la portion d'affouage à laquelle ceux-ci ont droit, et de déclarer, sans
qu'il y ait lieu de statuer sur le moyen de prescription invoqué par la
commune de Pugey, de débouter les demandeurs de leur demande en
tant qu'elle serait dirigée contre elle ;

« Le Tribunal, sans qu'il soit nécessaire de statuer sur les moyens de
prescription invoqués par la commune de Pugey, déclare les demandeurs non recevables et mal fondés en leur demande contre celle-ci,
les en déboute. Dit, au contraire, que, sans s'arrêter à l'expertise sollicitée qui est inutile, la commune d'Arguel sera tenue d'inscrire à
l'avenir les demandeurs sur la liste des affouagistes ; condamne ladite
commune à 120 francs de dommages-intérêts envers chacun des trois
demandeurs pour le préjudice à eux causé, avec intérêts de droit. »

de commune, on ne voit pas pourquoi, un an après, elle reconnaît aux habitants de ce hameau le droit de prendre part à l'affouage dans les bois de la commune d'Arguel. L'affouage communal n'appartient, en effet, qu'aux membres de la communauté affouagère, et ne s'acquiert pas par prescription. Si, d'autre part, elle admet, le 11 juillet 1894, les habitants anciens du hameau à participer à l'affouage d'Arguel, on ne comprend pas non plus pourquoi elle refuse ce droit à un habitant nouveau. Il est, en effet, reconnu en doctrine comme en jurisprudence que les individus qui viennent s'établir dans une section de commune postérieurement à sa réunion ou à sa distraction, jouissent des mêmes droits que les habitants anciens de la section, puisqu'ils sont devenus, comme ceux-ci, membres de la communauté affouagère.

..... L'effet légal des réunions ou des distractions de communes par rapport aux bois communaux et à leur jouissance étant ainsi déterminé, il reste à rechercher s'il pourra être modifié par des circonstances particulières ou des conventions spéciales. Une commune, à laquelle on aura réuni un hameau privé d'affouages, pourra-t-elle l'admettre à participer à celui qu'elle possède ? Une section distraite d'une commune et conservant son affouage dans les bois de celle-ci, ne pourrait-elle y renoncer par suite d'un arrangement ?

L'affirmative n'a jamais soulevé de doutes sérieux. Le décret du 17 janvier 1813 faisait d'ailleurs allusion à ces conventions spéciales ; la Cour de Besançon les a rappelées dans plusieurs de ses arrêts. Lors de la discussion de la Loi de 1837, M. Dupin disait : « Faisons attention que la loi ne doit pas interdire la faculté du sacrifice et des transactions. S'il peut se trouver des cas où la section veuille conserver son individualité dans la nouvelle commune, il se peut aussi qu'elle soit assez riche, assez éclairée pour consentir au sacrifice de ses droits privatifs; mais, dans ce nouveau pacte, il faut que le sacrifice soit volontaire. Qu'on ne dise pas que ce serait une alliance qui commencerait par un divorce; non, le divorce existe avec la commune dont on se sépare; mais, avec l'autre à laquelle on se réunit, c'est une alliance qui se contracte. Mais, pour suivre la figure, cette alliance, ce convol peut se faire sous le régime dotal ou sous celui de communauté » (1).

La Loi du 5 avril 1884 n'a rien changé à ces principes.

Je crois qu'il n'est pas même nécessaire de distinguer avec les auteurs si ces modifications interviennent au moment de la réunion ou de la distraction ou postérieurement.

Et d'abord, si cet arrangement se conclut au moment même de l'acte de réunion ou de séparation, il sera parfaitement légal et obligatoire, car il aura pour cause cet acte même et sera considéré comme une des conditions qui l'ont fait accueillir.

Si, au contraire, c'est postérieurement à la réunion qu'un arrangement par lequel une section de commune serait admise aux affouages de la commune à laquelle elle a été réunie, est proposé, il me semble évident qu'il peut encore être adopté. Un grand nombre de raisons peuvent légitimer un pareil acte. On ne saurait dire que c'est un acte de pure libéralité et que la donation n'est jamais pour la commune une juste cause d'aliéner, car il n'y a point ici aliénation d'une propriété communale au profit d'une autre commune, mais simplement admission aux avantages com-

(1) *Moniteur* du 2 février 1837.

muns des nouveaux habitants qui, appelés par la réunion
à suivre la fortune et à partager la vie civile de la commune, y seront d'autant plus attachés qu'ils y seraient
placés avec une plus parfaite égalité. La réunion augmente
l'importance de la commune et l'admission aux bénéfices
communs est un moyen de l'accroître encore (1).

Il y aurait plus de difficultés pour le cas où une section
séparée voudrait renoncer à un droit qu'elle aurait conservé
dans le bois de la commune dont elle est distraite. Il ne
reste plus entre elle et cette commune aucun lien moral, et
par conséquent, il n'y a plus de raisons de bonne administration qui puisse motiver un semblable abandon. Il faudrait, dès lors, qu'il eut pour motif l'avantage réel de cette
section, et que le sacrifice qu'elle proposerait fût la com-
pensation d'un sacrifice analogue de la commune-mère. Ce
serait à l'administration supérieure à juger du mérite de ce
contrat, dans l'intérêt commun, avant de l'autoriser (1).

SECTION II

De la qualité de Chef de Famille ou de Maison

Pour prendre part au partage de l'affouage, il ne suffit
pas d'avoir acquis en temps utile un domicile réel et fixe
dans la communauté affouagère; il faut, de plus, être chef
de famille ou de maison.

(1) MEAUME, n° 846. GUYÉTANT, anc. édit. n° 50.
(1) V. MIGNERET, p. 373.

En présence de la brièveté sur ce point de l'ancien art. 105, de très vives controverses s'étaient élevées avant 1883 en doctrine et en jurisprudence pour déterminer à quels caractères on devait reconnaître le chef de famille ou de maison.

On était arrivé généralement à admettre qu'il n'était pas nécessaire, pour avoir cette qualité, de vivre isolément; mais si l'on avait essayé de préciser les circonstances révélant que l'on est à la tête d'un ménage, les règles énoncées étaient loin d'être uniformément adoptées.

En 1883, le législateur, s'inspirant de la jurisprudence dominante, donna dans le nouvel art. 105 une définition du chef de famille ou de maison. Son dessein était de rendre la loi d'une entente et d'une application faciles; il n'obtint pas malheureusement les résultats qu'il s'était promis, car les difficultés et les procès sont aussi fréquents aujourd'hui qu'avant 1883. La seule cause en est, il est vrai, dans la mauvaise interprétation de la loi, qui souvent a été mal lue, mal comprise.

C'est pourquoi je vais essayer de préciser et de développer aussi exactement que possible la pensée du législateur de 1883. J'étudierai d'abord à quelles conditions on est chef de famille ou de maison, puis je rechercherai à quelle époque cette qualité doit exister.

I

A QUELLES CONDITIONS ON EST CHEF DE FAMILLE OU DE MAISON

D'après l'art. 105 actuel : « Sera considéré comme chef de famille ou de maison tout individu possédant un

6

ménage ou une habitation à feu distincte, soit qu'il y prépare la nourriture pour lui et les siens, soit que, vivant avec d'autres à une table commune, il possède des propriétés divisées, qu'il exerce une industrie distincte ou qu'il ait des intérêts séparés. »

Suivant ce texte, pour être chef de famille ou de maison, une condition essentielle est toujours nécessaire : il faut posséder un ménage ou une habitation à feu distincte. Or, deux cas peuvent se produire en pratique : La plupart du temps, le possesseur d'une habitation à feu distincte y préparera la nourriture pour lui et les siens ; dans ce cas, il sera indubitablement chef de famille.

Mais il peut se faire aussi que, tout en ayant une habitation distincte, il vive avec d'autres à une table commune ; dans cette seconde hypothèse, il n'aura la qualité de chef de maison que s'il possède des propriétés divisées, qu'il exerce une industrie distincte ou qu'il ait des intérêts séparés.

Je vais examiner les deux hypothèses.

§ 1.

Pour avoir la qualité de chef de famille ou de maison, il faut tout d'abord posséder un ménage ou une habitation à feu distincte. C'est une condition essentielle, ainsi qu'en témoignent les travaux préparatoires de 1883. D'ailleurs, M. Chaumontel avait dit au Sénat : « Propriétés divisées, industrie distincte, intérêts séparés, tout est subordonné au ménage ou à l'habitation à feu » (1). Et M. Lelièvre,

(1) Rapport de M. CHAUMONTEL au Sénat, 7 juillet 1883.

dans son second rapport à la Chambre des députés, s'exprimait ainsi : « ...... Le ménage, l'habitation à feu, sont la condition première, essentielle du droit à l'affouage, à laquelle sont subordonnées les autres indications » (1).

Mais il est nécessaire de déterminer ce que c'est qu'un ménage ou une habitation à feu distincte.

A) Pour posséder un ménage, il n'est pas nécessaire d'être marié ou d'avoir des enfants ; cela résulte explicitement de la discussion qui eut lieu à propos des curés et desservants lors des travaux préparatoires du Code de 1827. D'après les explications qui eurent alors lieu, il faut considérer comme ayant un ménage tout habitant maître de sa personne et de son domicile, sans se préoccuper de savoir s'il a avec lui une famille proprement dite, c'est-à-dire une femme, des enfants, des domestiques. Le curé ou le desservant, le célibataire et le père de six enfants sont placés sur la même ligne.

Mais la possession d'un ménage implique forcément l'idée que l'on est juridiquement maître de sa personne. Par conséquent, il faut écarter tous ceux qui, soit par la loi, soit par l'effet de leur volonté, sont placés sous la dépendance d'autrui. Il en est ainsi en principe de la femme mariée, des mineurs, des interdits et des domestiques.

En général, la femme mariée, étant placée sous la dépendance de son mari, ne peut être considérée comme ayant un ménage distinct et, par conséquent, comme étant chef de famille ou de maison.

Elle n'aura cette qualité que si son mari est en état d'absence, si elle est veuve, divorcée ou séparée de corps.

Mais, ordinairement, on reconnaît le caractère de chef

(1) Rapport de **M. Lelièvre** à la Chambre, 8 nov. 1883.

de maison à la femme mariée, administrateur provisoire de la personne et des biens de son mari interdit ou placé dans une maison d'aliénés (1) ; certains auteurs étendent même cette solution au cas où la tutelle du mari a été confiée à un tiers, car si la femme vit seule et à part, elle jouit d'une indépendance suffisante pour prétendre à une portion d'affouage (2).

On s'est demandé si, le mari étant domestique et vivant chez son maître, la femme restée à l'ancien domicile avec les enfants pouvait être considérée comme ayant un ménage distinct, et par suite, avoir droit à l'affouage.

Migneret répond négativement (3). Il est certain, en effet, que la femme ne devient pas chef de famille, et que, de son côté, le mari, chef légal du ménage, n'a pas droit à l'affouage, puisqu'il est au feu de son maître et qu'il vit sous sa dépendance.

Mais ce système aboutirait à priver un ménage de sa part affouagère, à raison de cette circonstance que son chef légal ne peut profiter lui-même des bois distribués. En réalité, il y a un ménage parfaitement distinct de celui du maître chez lequel vit le domestique, et ce ménage est dirigé uniquement par la femme, de la même manière que si son mari était mort ou absent. Cette femme doit donc indubitablement profiter de l'affouage (4).

Les mineurs non émancipés et les interdits, étant sous la dépendance de leur tuteur ou de leur curateur, n'ont et ne peuvent avoir en principe de ménage distinct.

(1) V. Trib. Chaumont, 17 avril 1867. S. 67, 2, 297.

(2) Larzillière, p. 163. Cs. Aubry et Rau, *Droit civil français*, I, § 143.

(3) Migneret, p. 244.

(4) Trib. Chaumont, 1840. V. Migneret, p. 239 et suiv.

Il s'est élevé pourtant une discussion au cas tout spécial
où le mineur non émancipé, et orphelin, au lieu de résider
chez son tuteur ou d'apprendre une profession chez un
maître, continuerait en fait à vivre dans la maison paternelle et à exploiter les biens de la famille. Doit-on, dans
cette hypothèse, lui reconnaître la qualité de chef de
famille?

Il me semble tout d'abord que la question ne peut se
poser que si le mineur habite la même commune que son
tuteur, car il est domicilié de droit chez celui-ci, et sa
résidence en un lieu différent ne lui donnerait aucun droit
dans la communauté affouagère qu'il habiterait seul.

Mais, à supposer que la question de domicile ne soit pas
discutée, je crois qu'il faut accorder une part d'affouage au
mineur non émancipé, orphelin et vivant seul.

En effet, il est indéniable que, si, à la mort de ses parents,
un enfant continue à vivre dans la maison paternelle et à
exploiter les biens qui appartenaient à sa famille, il y a là
un feu, dans le sens où l'art. 105 emploie ce mot, un ménage dont l'enfant mineur est le seul chef.

C'est en ce sens que ce sont prononcés Proudhon,
Curasson et Guyétant (1). Migneret, il est vrai, repousse
cette opinion : « Nous avons peine à comprendre, dit-il,
comment un homme soumis à la puissance d'autrui pour
la moindre de ses actions, peut être considéré comme le
maître d'un ménage » (2).

Mais le mineur conserve, malgré la tutelle, une certaine
indépendance d'action. Il dépense les revenus qui sont

(1) Proudhon, III, n° 938. Curasson, I, p. 447. Guyétant, nouv.
édit., p. 166.

(2) Migneret, p. 208 et suiv.

affectés à son entretien personnel, et, en général, lorsqu'il a passé un contrat qui n'est pas assujetti à des formes déterminées, ce contrat ne peut être attaqué que par lui seul et pour cause de lésion (art. 1125, 1312, C. civ.).

Rien ne s'oppose donc à ce que, dans cette hypothèse spéciale, le mineur non émancipé soit considéré comme chef de ménage et participe à l'affouage.

Le mineur émancipé peut toujours posséder un ménage distinct, car il est libre de sa personne.

On ne devra jamais considérer comme ayant un ménage séparé, lors même qu'ils seraient mariés, les individus qui vivent entièrement aux dépens d'une autre personne qu'ils servent ou qui font, à proprement parler, partie de sa maison.

Il en est ainsi des serviteurs proprement dits, des précepteurs, des secrétaires, des apprentis. Mais, il ne faut pas leur assimiler les vignerons, jardiniers et journaliers qui ont ordinairement un ménage distinct de celui de la personne chez qui ils travaillent, ni les ouvriers d'usine, lors même qu'ils logeraient dans la manufacture où ils sont employés. Dans ce dernier cas, la raison de douter vient de ce fait que, presque toujours, il entre dans les conditions de location de ces ouvriers qu'ils auront leur chauffage en sus du salaire; c'est, en réalité, l'usinier qui profite des portions d'affouage qu'il se fait attribuer sous leur nom. Mais, comme je l'ai déjà dit, il est impossible d'identifier ces ouvriers à de véritables domestiques; ils ne sont pas nourris par l'usinier et ne sont pas aux gages de celui-ci. Il faut donc leur reconnaître, à moins de preuve contraire, la qualité de chef de ménage.

Les soldats n'ont évidemment pas de ménage distinct; mais s'ils sont mariés et si leur famille demeure à l'ancien domicile, je crois qu'il faut appliquer les principes que j'ai exposés précédemment à propos du mari domestique vivant chez son maître; et la femme restée au domicile après le départ de son mari, deviendra chef de ménage et participera à l'affouage.

Les officiers en activité et les sous-officiers mariés, autorisés à vivre hors de la caserne, doivent être considérés comme ayant un ménage distinct dans l'endroit où ils sont en garnison, et où ils ont déjà leur domicile. Les auteurs n'examinent pas en détail cette hypothèse; d'une manière générale, ils refusent l'affouage aux militaires; mais la distinction que j'ai faite me paraît nécessaire. D'ailleurs, aujourd'hui, les régiments sont plus sédentaires qu'autrefois, et l'application de cette théorie se fera sans inconvénients.

De même, les gendarmes, les douaniers, les gardes et brigadiers forestiers ont un ménage dans le lieu où ils sont domiciliés, et par conséquent devront y participer à l'affouage.

B). Sous le nom d'habitation à feu distincte, on désigne ordinairement tout logement, toute portion de maison où l'on peut faire du feu. Mais il faut essentiellement que ce logement ou cette portion de maison soit indépendante (1). Ce sera à l'administration municipale et, au cas de contestation, aux tribunaux, à apprécier, suivant les circonstances, si l'indépendance existe réellement. Ce pouvoir très large d'appréciation est nécessaire pour empêcher les fraudes qui se commettent très fréquemment dans les familles nombreuses. Il est, d'ailleurs, impossible de poser

(1) Dijon, 17 mai 1837 (aff. Saloignon). DALLOZ, *Rec. verbo affouage*, n° 1793.

des règles générales en cette matière, car l'appréciation elle-même des faits invoqués dépend des circonstances. On ne peut donc citer, à ce sujet, que des exemples.

Il n'y aura certainement pas d'habitation à feu distincte pour le fils majeur ou émancipé à qui son père aurait loué, réellement ou fictivement, une ou plusieurs chambres dépendant nécessairement du logement qu'il habite lui-même.

A plus forte raison, on devrait considérer comme n'ayant pas d'habitation à feu distincte le fils qui, bien que marié et père de famille, logerait sans bail chez son père, ou la mère qui habiterait chez son fils. Dans ces deux cas, il ne serait évidemment dû qu'une portion d'affouage. Et si cette portion avait été délivrée au nom du fils dans le premier cas, au nom de la mère dans le second cas, le père, dans la première hypothèse, et le fils, dans la deuxième, ne seraient pas fondés à réclamer une seconde part d'affouage. Car leur action ne serait pas basée sur un intérêt légitime. En effet, le ménage n'avait droit qu'à un lot d'affouage, il l'a obtenu et il importe peu de savoir par quels moyens. Il en profite, c'est tout ce qu'il pouvait prétendre (1).

En 1889, le Tribunal d'Arbois a rendu à tort, je crois, sur ce point, un jugement semblant consacrer un principe différent. Il s'agissait, dans l'espèce, de deux personnes : la mère et le fils qui, sans discussion possible, vivaient et mangeaient ensemble au moment de la publication du rôle. Le jugement constate que le fils était propriétaire de la maison qu'il habitait en commun avec sa mère. C'est donc à lui qu'aurait dû être délivrée la seule part d'affouage

(1) Dijon, 6 déc. 1837 (aff. Regnier). MIGNERET, p. 215, 216. GUYÉTANT, nouv. édit., p. 143.

due à ce ménage. Pourtant, la commune de Villers-Farlay, à laquelle ils appartenaient, porta au rôle le nom de la mère, s'appuyant sur ce qu'elle seule était considérée comme chef de famille, le fils étant jeune et célibataire. Le fils réclama une seconde part d'affouage, et la commune ayant refusé, il s'adressa au Tribunal d'Arbois, devant lequel il obtint gain de cause. « Attendu, dit le jugement en date du 8 juin 1889, que Charles Maillard, propriétaire d'une maison qu'il habite en commun avec sa mère, avait une habitation à feu distincte.... » (1). Il me semble que le Tribunal a mal interprété la loi; pour donner deux parts d'affouage, il aurait fallu que la mère et le fils eussent possédé chacun un logement ou une portion de maison indépendants et séparés, ce qui n'existait pas alors en réalité. Il importait peu, d'ailleurs, pourvu que la portion due ait été distribuée, qu'elle l'ait été au nom de la mère ou au nom du fils, puisque tous deux en profitaient.

Pour déterminer s'il y a habitation à feu distincte, il n'y a pas à s'occuper de l'importance du logement indépendant, qui peut se composer seulement de une ou de deux chambres. Il importe peu également que l'occupation des lieux soit à titre de propriétaire, d'usufruitier ou de locataire (2). Il serait également indifférent que le logement distinct soit grevé d'un droit de servitude. Et même la faculté qu'aurait un tiers d'entreposer du mobilier dans l'habitation, la réserve de l'usage d'un placard, etc., ne lui ferait pas perdre non plus son caractère d'habitation distincte, car, ce qui lui imprime ce caractère, c'est le fait de

(1) Trib. Arbois, 8 juin 1889. (Jean-Charles Maillard contre les habitants et communauté de Villers-Farlay.

(2) Cass., 13 juin 1892. *Pandectes françaises*, rec. 1893, 1, 403.

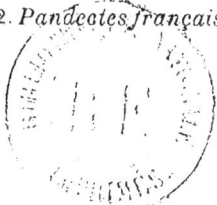

demeurer dans le local qui constitue l'habitation, sans égard pour la plus ou moins grande commodité de cette demeure (1). Enfin, l'importance plus ou moins grande du mobilier ne peut exercer aucune influence.

Aussi, de toutes ces remarques, je crois pouvoir conclure à la définition suivante : « Sera considéré comme possédant un ménage ou une habitation à feu distincte, tout individu occupant, soit seul, soit avec d'autres personnes placées sous sa puissance, un logement à feu indépendant, distinct, renfermant un mobilier plus ou moins important destiné à son usage. »

La plupart du temps, la possession d'un ménage ou d'une habitation à feu distincte implique, pour le possesseur, le fait d'y préparer la nourriture pour lui et les siens. Mais il peut arriver que certains habitants d'une communauté affouagère, tout en ayant une habitation à feu distincte, prennent, ainsi que leur famille, tous leurs repas communément avec un autre ménage. Dans ce cas, ils conserveront encore leur droit à l'affouage ; mais ils sont soumis alors à certaines conditions.

§ 2.

Déjà, sous l'ancien art. 105, la communauté de table seule n'était pas considérée d'une manière générale tout au moins comme privant les communistes de la qualité de chef de famille. Migneret (2), posait en principe que l'on ne doit pas refuser la qualité de chef de maison à l'indi-

(1) GUYÉTANT, nouv. édit., p. 137, 138.
(2) MIGNERET, p. 220.

vidu qui prend ses repas avec un autre ménage, pourvu, toutefois, qu'il ait des intérêts distincts de ceux avec qui il prend ordinairement sa nourriture. La plupart des auteurs admettaient également qu'il ne fallait pas dénier la qualité de chef de famille aux individus qui, tout en ayant une habitation distincte, prenaient leur repas dans une autre famille, guidés en cela par des nécessités pratiques ou, comme on l'a dit en 1883, par une sorte de convention familiale. Toutefois, la solution n'avait pas été adoptée uniformément en jurisprudence, et si la Cour de Dijon, mue par un sentiment de justice et d'équité, l'avait consacrée à plusieurs reprises, le Tribunal de Saint-Dié décidait (1), au contraire, que l'on ne pouvait comprendre, comme chef de famille ou de maison, le célibataire qui, ayant néanmoins un logement séparé, va manger ailleurs, et qui vit constamment à la table d'autrui.

Cette divergence d'interprétation était née de la trop grande concision de l'ancien texte, et c'est pour y remédier que le législateur de 1883, « instruit par l'expérience du passé, et désireux de donner un texte clair qui prête dans la moindre mesure aux interprétations de la jurisprudence....., établit pour l'avenir une règle générale, uniforme, claire en même temps que précise et conforme à l'esprit d'équité » (2).

Cette règle générale, les membres de la commission la trouvèrent nettement exprimée dans les arrêts de la Cour de Dijon du 22 février et du 17 mai 1837 (3), arrêts dont Meaume, Migneret, Guyétant, Larzillière avaient reconnu

(1) 29 juin 1833. *Bull. ann. forest.*, 1852, 55, art. 1138.
(2) Rapport de M. Lelièvre du 1er juin 1882.
(3) D. Rep., n° 1793. Migneret, p. 216 et suiv.

l'équité, et dont s'étaient inspirés : le Tribunal de Montmédy (1), la Cour de Metz (2), la Cour de Besançon (3),
enfin la Cour de cassation elle-même (4).

Suivant la Cour de Dijon : En droit, il n'est pas indis-
pensable, pour avoir droit à l'affouage, d'avoir un feu
séparé et de vivre isolément ; mais, au contraire, on peut
ne pas avoir de feu de cuisine et manger, soit hors de chez
soi, soit avec un autre ménage résidant sous le même toit,
sans perdre la qualité de chef de maison.

Mais, pour avoir cette qualité, il faut, de toute nécessité,
être non seulement maître de sa personne, mais encore
avoir une habitation à soi, une industrie ou des propriétés
particulières, des intérêts distincts de ceux avec lesquels
on occupe une même maison. Si on vit avec eux en communauté d'intérêts, de nourriture, de travail et d'habitation, on n'est réellement que membre et non chef de
famille. Cette réunion dès lors n'a droit qu'à un seul
lot (5). Ce sont ces principes que le législateur de 1883 a
traduits en accordant la qualité de chef de famille à tout
individu qui, possédant une habitation distincte, vit en
communauté de table avec d'autres, à condition, toutefois,
qu'il possède des intérêts différents de ceux avec lesquels
il prend ordinairement ses repas.

Dans le cas qui nous occupe, cette condition est d'ailleurs essentielle, et elle doit nécessairement exister pour
que le chef de maison ait droit à l'affouage.

(1) Trib. Montmédy, 23 juillet 1845. S. 47, 1, 826.

(2) Metz, 26 nov. 1867.

(3) Besançon, 21 avril 1875. D. P. 75, 2, 202.

(4) Cassation, 8 mai 1883.

(5) V. Rapports de M. Lelièvre et de M. Chaumontel.

D'une manière générale, la règle peut être exprimée ainsi :

« Tout individu qui a un ménage ou une habitation à feu distincte sera chef de famille ou de maison, même s'il vit avec d'autres à une table commune, à condition, toutefois, qu'il possède des propriétés divisées, qu'il exerce une industrie distincte ou qu'il ait des intérêts séparés. »

Reste à préciser les termes de cette condition.

A) Sous l'expression « Propriétés divisées », je crois que, suivant l'intention du législateur de 1883, il ne faut pas comprendre la possession d'un mobilier distinct. On ne désigne, en effet, ordinairement par là, que des propriétés immobilières (1). La location, d'ailleurs, ne suffit pas ; il faut que l'on soit véritable propriétaire.

Il n'y a pas à considérer la plus ou moins grande étendue de la propriété. Mais il est nécessaire que la division soit évidente et indubitable. La co-propriété ne suffirait pas, car il n'y a pas dans ce cas de propriétés divisées.

Si un père cède en propriété une portion de terrain à son fils, mais qu'en fait, ils continuent à l'exploiter et à en bénéficier ensemble, il n'y aura pas, à proprement parler, de propriété séparée. Et, même au cas où ce fils possèderait une habitation à feu distincte, s'il prend ses repas chez son père, il ne sera pas chef de famille, à moins qu'il n'exerce une industrie distincte ou qu'il n'ait des intérêts séparés.

B) Le mot « industrie » doit être pris dans son acception ordinaire, car rien, ni dans le texte, ni dans les travaux préparatoires, n'indique qu'on ait voulu s'en écarter. Sa signification doit donc être restreinte à l'industrie agricole,

(1) Bourges, 30 oct. 1889. P. F., rep., 1890, 2, 21.

commerciale ou manufacturière. On ne peut désigner sous ce nom les professions libérales. La chose est, du reste, indifférente, car si, parmi les industriels, on ne peut compter ceux qui exercent des professions libérales, ces derniers rentreront, comme nous le verrons, dans la classe de ceux qui ont des intérêts séparés (1).

La distinction doit être très nette et très précise. On refuserait la qualité de chef de famille à l'individu qui, tout en ayant une habitation séparée, vivrait à la table de son père et serait coupeur de bois, tandis que son père serait bûcheron, sans avoir d'autres intérêts séparés, et sans profiter lui-même du gain de son travail.

L'industrie doit avoir un objet essentiellement différent ; il en serait ainsi, par exemple, de deux parents vivant à la même table, mais dont l'un est aubergiste, et l'autre négociant (2). De plus, l'industrie distincte doit constituer une occupation continuelle, et ne doit pas être exercée accidentellement (3).

C) Enfin, sous l'expression « intérêts séparés » le législateur a voulu comprendre d'une manière générale tout fait qui établit, entre deux personnes vivant à la même table, des avantages particuliers à chacune d'elles ou qui crée quelque bénéfice spécial à l'une seulement.

Il est difficile, sinon impossible, d'indiquer toutes les circonstances dont on pourra déduire la séparation des intérêts. On ne saurait, en tous cas, prétendre qu'il faut avoir tous les intérêts séparés, ce qui serait contraire à l'esprit de la loi.

(1) Guyétant, nouv. édit., p. 140, 141.
(2) Dijon, 22 fév. 1837 (aff. Bellon). Migneret, 217.
(3) Besançon, 31 janv. 1894. *Pand. franç.*, rep. 1894, 2, 155.

En pratique, on devra considérer comme possédant des intérêts séparés :

1° Tout individu qui exerce une profession libérale : le médecin, l'avocat, le notaire, l'avoué, le greffier, le commissaire-priseur, le vétérinaire, etc. (1);

2° Toute personne qui, exerçant la même profession ou la même industrie qu'une autre avec qui elle vit, profite séparément du produit de son travail ;

3° Tout individu qui est inscrit au rôle des contributions autres que la cote personnelle, qui paie une patente, fournit des prestations (2);

4° Toute personne qui tient en location certains immeubles ou qui cultive elle-même les fonds qu'elle a amodiés (3);

5° Tout individu au nom de qui est délivré un carnet de fromagerie (4), etc.....

Mais, ici encore, il faut laisser à l'administration municipale et, en cas de contestation, aux Tribunaux, un très large pouvoir d'appréciation. En effet, les intérêts distincts ne doivent pas seulement exister, mais ils doivent être

(1) V. Guyétant, p. 144.

(2) Bourges, 30 oct. 1889. *Pand. franç.*, rep. 1890, 2, 21. Trib. Besançon, 31 juillet 1894 (aff. Grognu). Il faut remarquer que le paiement des impôts, qui peut être pris en considération pour l'appréciation d'intérêts séparés, ne constitue jamais une condition essentielle de participation à l'affouage, et le prolétaire le plus malheureux qui occuperait seul un local misérable où il prépare ses repas, qui coucherait sur un grabat, n'en serait pas moins chef de famille. En ce sens : Proudhon, n° 960. Curasson, I, 447. Meaume, II, n° 545. Migneret, p. 377. Larzillière, p. 161. Guyétant, nouv. édit., p. 137. Bourges, 10 mars 1840. S. 40, 2, 523.

(3) Lyon, 7 février 1890 (aff. Cachet). P. F. rep. 1893, 1, 403.

(4) Cs. Arbois, 8 juin 1889 (aff. Maillard).

suffisants pour motiver la qualité spéciale de chef de famille ou de maison.

Par conséquent, on ne devrait pas reconnaître ce caractère à la mère qui, tout en ayant une habitation distincte, se bornerait à vaquer aux soins du ménage commun quand ses fils, avec qui elle vit, participent déjà à l'affouage. Les intérêts séparés ne seraient pas, non plus, suffisants, s'ils consistaient uniquement dans le produit qu'une personne peut retirer de la charité publique.

Il faut bien reconnaître que, dans certains cas, l'appréciation sera très difficile à faire.

Ainsi, un père loue quelques terres labourables à l'un de ses enfants, majeur ou émancipé, qui possède déjà une habitation distincte. Si les fonds amodiés ont une réelle valeur, si le fils les cultive seul et profite également seul de la récolte, il sera chef de famille. Mais si, au contraire, il y a doute sur la validité du bail ou si, en fait, le père et le fils continuent à vivre en communauté d'intérêts, de travail, de nourriture et de logement, il n'y aura pas d'intérêts distincts suffisants, et le père seul aura une portion d'affouage.

Il arrive fréquemment qu'un ascendant abandonne dans sa vieillesse tout son patrimoine à ses enfants pour vivre chez eux à titre de pensionnaire, sans logement séparé, sans autres prérogatives que celles qui sont stipulées dans certains actes, du lit de la cuisine et de la meilleure place au coin du feu. Les intérêts distincts ne seront pas suffisants, et il faudra lui refuser dès lors le droit à l'affouage (1). Il a été jugé en ce sens (2) qu'une donation-

_____

(1) Nancy, 24 juillet 1841. V. MEAUME, *Code forestier,* I, p. 740.
(2) Trib. St-Dié, 6 déc. 1889. *Revue des Eaux et Forêts.* Répert. 1890, p. 153.

partage consentie par un père affouagiste au profit de ses enfants ne suffit pas pour justifier l'attribution de plusieurs parts d'affouage, si, en réalité, le père et les enfants vivent en communauté complète.

De même, la personne qui abandonnerait l'administration de ses biens à l'un de ses parents, à la table et au foyer duquel elle vivrait, n'aurait pas, lors même qu'elle eût conservé dans le domicile commun une chambre séparée, la qualité de chef de famille ou de maison lui donnant droit à l'affouage (1).

Si, au contraire, celui qui a abandonné ses biens à d'autres personnes, tout en vivant en communauté de table avec les donataires, s'était réservé une habitation à feu distincte où il possède un mobilier séparé, et s'il exerce, par exemple, une profession spéciale, il serait toujours indubitablement chef de famille. Mais, alors, il est nécessaire que l'habitation soit absolument indépendante, et de plus, cette condition seule ne suffirait pas : les intérêts distincts doivent être très nettement exprimés (2).

La même distinction doit être faite au sujet des commis ou des clercs des officiers ministériels. Ainsi, un clerc de notaire, d'avoué, d'huissier, un commis de marchand n'aura aucun droit à l'affouage, s'il est logé et nourri chez son patron. Mais chacun de ces individus devra être considéré comme chef de famille s'il profite de son travail, s'il a un mobilier particulier et un domicile distinct de celui de son patron, alors même qu'il mangerait habituellement à sa table.

Tout cela évidemment, sauf les circonstances particu-

(1) Toulouse, 8 mars 1886. P. F. rep. 1886, 2, 252.
(2) Besançon, 31 janv. 1894 (aff. Boux).

lières qui peuvent se présenter, et qui doivent être appré-
ciées en s'appuyant strictement sur les termes ou l'esprit
de la loi.

II

DE L'ÉPOQUE A LAQUELLE LA QUALITÉ DE CHEF DE FAMILLE DOIT EXISTER

Nous avons vu que la qualité de domicilié dans la communauté affouagère doit nécessairement exister avant la
publication du rôle; c'est d'ailleurs la règle consacrée par
la loi elle-même. En est-il de même de la qualité de chef de
famille ou de maison?

Avant 1883, la question ne pouvait pas se poser spécialement pour le chef de famille. Car, en présence du silence
de la loi, les deux conditions étaient mises sur la même
ligne.

Aujourd'hui, Guyétant pense (1) que la même solution
doit être admise, et qu'à ce point de vue il n'y a aucune
distinction à faire entre les deux conditions. « C'est au
moment de la publication du rôle au plus tard, dit-il, que
les individus appelés à prendre part à l'affouage doivent
être chefs de famille ou de maison et avoir un domicile
dans la commune. » Il ne discute même pas la question,
qu'il regarde comme résolue. Je crois, pourtant, que l'idée
doit être examinée avec soin, et, pour ma part, j'adopterais
une opinion contraire à celle que Guyétant formule, sans
la justifier.

(1) GUYÉTANT, nouv. édit., p. 121.

Il me semble, en effet, que jusqu'à l'homologation du rôle par le préfet, l'on peut, non seulement perdre, mais acquérir valablement la qualité de chef de famille.

Evidemment, lors même que l'on admettrait, comme pour le domicile, l'obligation d'être chef de famille avant la publication, cette qualité, comme le domicile, ne constituerait pas un droit acquis, et on ne devrait délivrer qu'une part d'affouage à deux chefs de famille inscrits au rôle, qui, postérieurement, confondraient leur qualité, par exemple, un homme et une femme qui se marieraient.

Mais, à mon avis, il faut aller plus loin et admettre que, contrairement à ce qui existe pour le domicile, la qualité de chef de famille peut être acquise après la publication.

Pour le prouver, il suffit de démontrer que les mots « avant la publication du rôle » se rapportent exclusivement au domicile.

Or, le texte n'est pas contraire à cette interprétation. La première phrase de l'art. 105 comprend, en effet, deux parties bien distinctes. Le partage de l'affouage, dit-il, se fera par feu, c'est-à-dire par chef de famille ou de maison (1re condition) ayant domicile réel et fixe dans la commune avant la publication du rôle (2e condition). Les deux idées sont bien séparées : Pour participer à l'affouage, il faut être chef de famille. Puis, tout chef de famille doit avoir son domicile dans la commune avant la publication.

Les travaux préparatoires de 1883 sont conformes à cette distinction ; jamais, en effet, les deux qualités ne sont confondues ; on étudie toujours séparément la qualité de chef de famille que l'on précise, et la qualité de domicilié. De plus, la discussion qui s'élève à propos du temps requis avant la publication a trait exclusivement au domicile. On ne s'occupe pas de savoir si les deux conditions requises doivent être réunies avant la publication, mais seulement de la durée qu'il faut assigner au domicile réel et fixe. Dans son premier rapport, M. Lelièvre s'exprime ainsi : « Votre Commission a cru devoir ajouter aux dispositions de l'art. 105 une prescription nouvelle. Elle assigne au domicile réel et fixe exigé par l'ancien texte une durée minima qu'il faudra acquérir avant la publication du rôle. » De son côté, M. Chaumontel disait : « Elle (la Commission) estime qu'il est préférable de laisser aux Tribunaux le soin d'apprécier dans les cas particuliers qui peuvent se présenter si le domicile invoqué présente les caractères exigés par les art. 103 et 104 du Code civil. Du reste, il ne serait pas sans inconvénients de prescrire un délai de séjour déterminé. Dans le cours d'une année, le personnel d'une ferme, d'un emploi peut être changé. Il ne serait pas juste de priver les nouveaux venus des avantages dont jouissaient leurs prédécesseurs. »

Le deuxième rapport de M. Lelièvre est encore plus précis sur ce point : « Le dernier motif invoqué, dit-il (c'est-à-dire le changement de personnel d'une ferme), nous décide à vous proposer de souscrire à la suppression de la condition *ayant trait à la durée du domicile* avant la publication des rôles d'affouage ».

Dans tout cela, aucune allusion même lointaine au chef de famille.

Enfin, le système que je défends a l'avantage d'être seul conforme à l'équité. En effet, avec la théorie qu'admet Guyétant, voici les conséquences pratiques auxquelles on aboutit forcément. Un individu marié, chef de famille et inscrit au rôle, meurt après la publication. Sa femme continue à demeurer avec ses enfants dans la commune où elle avait jusque-là son domicile légal ; elle devient chef de famille ; mais comme elle ne possédait pas cette qualité au moment de la publication du rôle, elle ne bénéficierait pas de la portion d'affouage qui serait échue à son mari.

De même, il faudrait refuser le bénéfice de l'affouage au fils majeur domicilié dans la commune au moment de la publication du rôle, qui devient chef de famille par suite du décès de son père inscrit sur la liste affouagère, décès postérieur à la publication.

Or, ces résultats seraient contraires à la justice ; ils seraient même opposés à la loi, suivant laquelle le partage doit se faire par feu, car, dans tous les cas semblables, il arriverait qu'un ménage ne toucherait pas d'affouage.

Aussi, la règle à laquelle j'arriverais en définitive serait ainsi conçue :

« En principe, seront seuls portés sur la liste affouagère les chefs de famille ou de maison possédant cette qualité avant la publication du rôle. Toutefois, tout habitant ayant à cette époque un domicile réel et fixe dans la communauté affouagère pourra réclamer valablement son inscription s'il acquiert la qualité de chef de famille ou de maison avant l'époque de la clôture définitive des listes par l'approbation du préfet ».

CHAPITRE II

Du mode suivant lequel l'Affouage doit être partagé entre les ayants-droit.

———

Suivant l'article 105, en principe, le partage de l'affouage se fait par feu. Nous venons de préciser les conditions essentielles qu'il est nécessaire, d'après la loi elle-même, de réunir pour avoir un feu. Il nous reste maintenant à déterminer comment la répartition des bois d'affouage se fait en pratique entre les différents chefs de famille domiciliés dans la commune avant la publication du rôle.

Cette étude à laquelle j'arrive sera divisée en deux parties : Dans une première section, je rechercherai comment sont déterminés chaque année les ayants-droit au partage ; j'étudierai, dans la seconde, la manière dont les différents bois d'affouage sont délivrés.

———

SECTION I

Des opérations préliminaires au Partage

C'est aux Conseils municipaux qu'il appartient de désigner, chaque année, les habitants qui doivent prendre part à la répartition.

Cette désignation se fait au moyen des rôles affouagers.

Le rôle d'affouage n'est autre chose que la liste nominative de ceux qui sont présumés devoir prendre part dans la distribution des coupes, avec l'indication de la taxe qu'ils ont à acquitter.

La forme des rôles, celle de leur publication, de leur affichage, ainsi que l'époque de leur clôture, sont déterminées par l'autorité préfectorale. On procède ordinairement de la manière suivante : Une première liste provisoire des ayants-droit est publiée, chaque année, par les soins du maire de la commune, aussitôt après la session du mois de mai, et demeure affichée dès cette date jusqu'au 15 septembre suivant. Cette publicité a pour but de provoquer les réclamations que l'on aurait à faire contre les erreurs qui pourraient avoir été commises par l'administration locale. Quand il s'élève des réclamations, le maire les recueille et les soumet au Conseil municipal, après le retrait de l'affiche. Le Conseil municipal les examine, les discute, et, s'il les juge fondées, des rectifications sont faites en conséquence. D'ailleurs, que la décision du Conseil municipal fasse droit à la réclamation ou qu'elle la rejette, elle

doit toujours être notifiée pas les soins du maire au réclamant (1). Après qu'il a été statué sur le mérite des réclamations formées contre la liste provisoire, le rôle d'affouage
est clos, et la liste définitive est adressée au préfet pour
être soumise à la formalité de l'homologation.

Ainsi, d'une manière générale, la date de la publication
du rôle, celle de sa clôture et de l'époque où le partage de
l'affouage doit s'effectuer sont laissées entièrement au
pouvoir discrétionnaire du Conseil municipal. Certains
auteurs, et notamment Guyétant (2), ont exprimé le désir
de voir le législateur fixer pour ces opérations des dates
uniques pour toutes les communes ayant un affouage. Cette
réforme présenterait peut-être quelque utilité, en ce qui
concerne la date de la publication du rôle ; il peut, en effet,
arriver en pratique qu'un chef de famille, quittant avant la
publication la commune où il est domicilié pour se fixer
dans une autre commune où le rôle est déjà publié, ne recueille d'affouage ni dans l'une ni dans l'autre de ces communes. Mais je crois que cette hypothèse ne se présente
que très exceptionnellement. Et, en tous cas, il ne serait
pas sans inconvénients de fixer une date commune pour la
distribution de l'affouage, car il est évident que la distribution des bois peut et doit être plus tardive dans les pays
de plaines que dans les régions montagneuses, où l'hiver
est beaucoup plus prématuré.

Comme je l'ai dit précédemment, le rôle affouager a un
double but : il détermine les ayants-droit au partage, et fixe
la taxe affouagère. Je vais examiner brièvement ces deux
points. Je terminerai en disant quelques mots du prélève-

(1) V. Bouquet de la Grye, p. 71 et 74.
(2) Guyétant, nouv. édit., p. 130, 131.

ment communal et des cas où l'affouage peut être vendu au profit de la commune, au lieu d'être distribué aux habitants.

I

Le rôle affouager contient d'abord la liste nominative des ayants-droit au partage, c'est-à-dire des chefs de famille ayant domicile réel et fixe dans la commune.

Dès que le rôle est dressé, il doit être soumis à la formalité de la publication, dont le but est d'appeler les réclamations des habitants omis.

Mais, ces réclamations ne pouvant se produire indéfiniment sans compromettre le fonctionnement de l'administration, et la loi n'ayant prescrit, d'autre part, aucun délai à peine de déchéance, une controverse très vive s'est élevée sur le point de savoir jusqu'à quel moment les demandes d'inscriptions pourraient être présentées.

Certains auteurs ont soutenu que les réclamations étaient irrecevables après la publication du rôle; Meaume avait justement répondu que la publication de la liste provisoire était faite précisément pour appeler les réclamations des intéressés non compris dans la liste (1).

Guyétant, au contraire, avait posé en principe que les réclamations pouvaient être faites jusqu'à la distribution effective de l'affouage aux habitants. Mais cette doctrine n'était qu'une conséquence du système suivant lequel cet auteur exigeait que les conditions légales pour participer à l'affouage existassent seulement au moment du partage.

(1) MEAUME, *Code forestier*, II, n° 816.

Ce système ayant disparu en 1883, ses conséquences ne peuvent évidemment subsister (1).

D'après une troisième opinion, le réclamant pourrait se pourvoir jusqu'à la clôture de la liste par le maire. C'est le système de Proudhon, de Meaume et de Migneret (2). Mais on a objecté contre cette doctrine que le terme assigné par elle aux réclamants est purement arbitraire. Puisque, après la clôture, le rôle est soumis à l'approbation du préfet, ce fonctionnaire doit exercer un contrôle sérieux et utile aux parties intéressées, et ce contrôle se réduirait à néant si la clôture de la liste par le maire mettait obstacle à toute réclamation.

L'opinion la plus juste est celle de Larzillière (3) qui admet que les réclamations peuvent être utilement produites tant que les rôles ne sont pas devenus exécutoires par l'approbation du préfet; jusque-là, il n'y a qu'un simple projet, tandis qu'à partir de cette époque la liste devient exécutoire aux termes de la loi, ce qui implique qu'elle est définitive et irrévocable (4).

II

Le rôle doit, en second lieu, fixer la taxe. L'usage d'établir une taxe d'affouage, c'est-à-dire d'imposer aux affouagistes une rétribution au profit de la caisse municipale pour subvenir à certaines dépenses de la commune, s'est

(1) Guyétant, anc. édit., nᵒˢ 162 et suiv.
(2) Migneret, p. 300 et suiv.
(3) Larzillière, p. 179 et 180.
(4) En ce sens : Dijon, 1ᵉʳ mars 1877 (comm. de Reynel). S. 77, 2, 205.

introduit de bonne heure dans la pratique des Conseils municipaux. Déjà autorisé par une instruction du ministre de l'intérieur du 15 déc. 1826 (art. 658 et 659), il ne fut pourtant consacré législativement que par la loi de finances du 17 août 1828. La loi du 5 avril 1884 en a depuis implicitement reconnu la régularité. Son art. 140 est, en effet, ainsi conçu : « Les taxes particulières dues par les habitants ou propriétaires en vertu des lois et des usages locaux, sont réparties par une délibération du Conseil municipal, approuvée par le préfet. Ces taxes sont perçues suivant les formes établies pour le recouvrement des contributions publiques ».

Pour établir la taxe, le Conseil municipal doit commencer par arrêter le total de la somme à prélever sur l'affouage, puis répartir cette somme par parts égales entre tous les chefs de famille domiciliés qui doivent prendre part au partage.

Il faut considérer comme absolument illégale la pratique de certains Conseils municipaux, qui croient pouvoir imposer la taxe affouagère à des personnes qui ne profitent pas de l'affouage. On a essayé de fonder cette disposition sur le motif que ces personnes participent aux autres avantages que leur procure la qualité d'habitants de la commune ; mais il n'en reste pas moins vrai qu'elle viole le principe élémentaire, que tout impôt spécial doit avoir une base corrélative qui lui soit propre.

A plus forte raison, on ne doit pas pouvoir dresser des rôles et établir des taxes dans les communes où l'affouage n'est pas distribué. Car un pareil procédé constituerait la violation d'une loi fondamentale de l'Etat, qui ne permet aux communes de voter que des impôts dûment autorisés par le Parlement. Or, les Chambres législatives n'autorisent les Conseils municipaux à établir des taxes d'affouage que si les contribuables participent à l'affouage communal.

Tout d'abord, et d'après le but même pour lequel elles avaient été établies, les taxes devaient correspondre exactement aux frais inhérents à la jouissance, c'est-à-dire aux dépenses résultant de la contribution foncière, des frais de régie, de garde, d'entretien de la forêt, d'exploitation et de délivrance des coupes (Code forestier, art. 106 et 109, § 1). Postérieurement, un avis du Conseil d'Etat du 8 août 1838 admet que l'autorité municipale pouvait, « pour des causes graves, dans l'intérêt général de la communauté, et sous l'approbation de l'autorité compétente, élever ces taxes à une somme supérieure à cette représentation ». Mais, alors, l'autorité préfectorale doit veiller à ce que cette augmentation n'ait lieu que pour des causes graves, et qu'en tous cas, les taxes ne soient pas exagérées et ne dépassent point certaines justes limites.

L'avis du Conseil d'Etat de 1838 était en ce sens, et une circulaire du ministre des finances aux préfets en date du 10 janvier 1839 s'exprimait ainsi à ce sujet: « Il importe de veiller à ce que les taxes d'affouage ne soient pas élevées. En principe, elles doivent servir seulement au paiement des frais inhérents aux bois, et ce n'est que dans le cas d'une extrême nécessité que les communes peuvent les accroître pour subvenir à d'autres dépenses ».

D'ailleurs, il ne faut pas oublier que l'affouage a pour but de pourvoir à l'un des besoins les plus indispensables des habitants peu aisés, qui, sans cette distribution, se trouveraient privés de combustibles ou ne pourraient s'en procurer qu'en commettant des délits dans les bois communaux. Or, cette utilité de l'affouage disparaîtrait com-

plètement, si l'on exigeait des affouagistes une taxe supérieure ou à peu près équivalente à la valeur vénale des lots
délivrés. En effet, les chefs de famille pauvres se trouveraient dans l'impossibilité de payer la taxe, et cette taxe
constituant le prix de la jouissance des bois, il s'ensuivrait
qu'ils ne participeraient pas à l'affouage, de sorte que,
chose extraordinaire, on leur refuserait, à cause de leur
indigence, la participation à un bénéfice communal. Ce
serait alors la commune qui profiterait de la portion de bois
qu'ils n'auraient point retirée, car il est admis en doctrine
comme en jurisprudence que « la commune peut faire
vendre à son profit les lots que les affouagistes n'ont pu
enlever par suite de leur refus de payer la taxe » (1).

Il est vrai qu'en pratique, on a cherché à sauvegarder
les droits des affouagistes pauvres. Il est admis, en effet,
que l'aliénation de la portion retenue pour défaut de paiement de taxe n'est faite que jusqu'à concurrence du montant de la taxe non acquittée et des frais de vente. Le surplus est délivré à l'habitant auquel cette portion était ori-
ginairement attribuée (2). Et cette solution est juste, car
« il est certain que, du moment où le Conseil municipal a
décidé que le partage se ferait en nature, tous ceux qui
remplissent les conditions d'aptitude nécessaire ont un
droit acquis au lot qui leur est attribué, et donner comme
sanction au refus de paiement de la taxe l'attribution de ce
lot à la commune, c'est une véritable confiscation qu'aucune disposition de la loi n'autorise les Conseils municipaux à prononcer » (3).

(1) BOUQUET DE LA GRYE, p. 77. Pau, 20 juillet 1880. D. P. 83,
2, 225.
(2) MIGNERET, p. 57. Circ. adm. forest., 27 fév. 1839.
(3) Conseil d'Etat, 16 févr. 1894. D. P. 1895, 3, 30 (et la note 2).

Mais il n'en reste pas moins certain que, dans les cas assez fréquents où le prix de vente ne dépasse pas la valeur de la taxe et des autres frais, les affouagistes pauvres qui auront été contraints d'abandonner leur portion ne toucheront ni bois, ni argent, de telle sorte que la jouissance de la forêt à laquelle ils ont droit ne leur procurera aucun avantage.

III

C'est pour éviter cette conséquence que certaines communes ont remplacé le paiement de la taxe en faisant distraire de la coupe ordinaire une portion suffisante de bois qui est vendue aux enchères avant toute distribution aux habitants. Ce système de prélèvement communal, autorisé par l'art. 109, § 2, du Code forestier, a été règlementé par l'art. 144 de l'Ordonnance du 1er août 1827. L'utilité indéniable qu'il entraine est de permettre, en principe, à tous les chefs de famille domiciliés dans la commune, de prendre part au partage sans qu'ils aient à débourser quelque chose. La portion de chaque feu sera évidemment moins forte, mais personne ne s'en plaindra. Les familles nécessiteuses y trouveront même un réel avantage, car, dans le cas des taxes, elles n'auraient probablement rien pu toucher.

Le prélèvement communal est effectué de deux manières : On peut, en effet, se conformer strictement à l'art. 144 de l'Ordonnance rendue pour l'exécution du Code forestier, c'est-à-dire que le préfet, sur les propositions de l'agent forestier local et du maire de la commune, détermine la portion de coupe affouagère qui doit être vendue aux enchères avant toute distribution. Ce premier système donne naissance à de grandes difficultés d'application. Car, en pratique, il sera bien difficile, sinon impossible, d'obtenir avec une rigoureuse exactitude la somme nécessaire en vendant la portion préalablement déterminée par l'autorité préfectorale. Le prix des bois, leur estimation, la concurrence amènent, en effet, de continuelles et sérieuses fluctuations sur leur valeur locale et momentanée.

Trois cas peuvent alors se présenter : 1º Le produit de la portion vendue est juste égal aux charges imposées. Dans cette hypothèse, la moins fréquente assurément, le reste de la coupe sera partagé en nature entre les habitants, qui, de plus, n'auront pas à acquitter de taxe ;

2º Le produit de la vente est supérieur aux dépenses fixées par le Conseil. Il restera alors une somme disponible qui grossira les recettes du budget communal, ce qui fera subir un préjudice aux affouagistes considérés *ut singuli* ;

3º Enfin, il peut arriver que la vente ne produise qu'une somme inférieure aux frais prévus. Dans ce dernier cas, à moins que le budget communal puisse faire face à ces dépenses, le Conseil municipal sera obligé d'imposer, sur la distribution des bois qui seront partagés en nature, une taxe dont le montant servira à payer les charges forestières définies par l'art. 109.

Ainsi, les inconvénients de la taxe existent toujours, et le système est bien plus compliqué.

Certaines communes du Haut-Jura ont adopté un système qui trouve aussi son fondement dans l'art. 109, § 2, mais qui, toutefois, est un peu différent du système précédent.

Dans sa session de mai, le Conseil municipal fixe une somme déterminée qui comprend les frais de l'article 109, § 1, et les dépenses prévues par le Code forestier. Cette délibération doit être approuvée par le préfet.

La vente de la coupe affouagère se fait alors en détail, jusqu'à concurrence de la somme fixée. Le reste de la coupe est réparti entre les affouagistes.

Ce système n'a pas les inconvénients de celui que j'ai d'abord exposé, puisque, la portion à vendre n'étant pas déterminée d'avance, les affouagistes ne pourront se voir obligés de payer une taxe.

Et cette pratique, qui, d'ailleurs, n'a lieu que dans les communes dont l'affouage se compose presque exclusivement de bois de construction, n'est pas opposée à la loi ; elle peut, en effet, s'appuyer sur le § 2 de l'art. 105 du Code forestier, suivant lequel les communes ont toujours le droit de vendre leurs futaies.

Mais, si l'on excepte cette application toute particulière, l'art. 109, § 2, est aujourd'hui très peu usité, et dans la plupart des communes affouagères existe, sans discussion, l'usage des taxes d'affouage, dont les inconvénients disparaissent facilement devant une règlementation plus sévère de l'autorité préfectorale.

IV

Nous venons de voir que, contrairement à ce qui existait dans l'ancien droit, où les communes n'avaient jamais la liberté d'aliéner les bois destinés à l'affouage, elles sont autorisées aujourd'hui par l'art. 109, § 2, à vendre tout ou

8

partie des coupes affouagères pour couvrir les charges qui naissent de l'exploitation. Ce n'est pas le seul cas où l'aliénation des coupes leur soit permise avant le partage entre les habitants.

Suivant l'art. 141 de l'Ordonnance règlementaire, « les communes qui ne sont pas dans l'usage d'employer la totalité des bois de leurs coupes à leur propre consommation, feront connaitre à l'agent forestier local la quantité de bois qui leur sera nécessaire, tant pour le chauffage que pour constructions et réparations, et il en sera fait délivrance, soit par l'adjudicataire de la coupe, soit au moyen d'une réserve sur cette coupe, le tout, conformément à leur demande et aux clauses du cahier des charges de l'adjudication ». Au cas prévu par cette disposition, les communes ne réservent pour le partage en nature que la portion nécessaire aux besoins des habitants et vendent le surplus.

En ce qui concerne les bois de construction, depuis la réforme de l'art. 105, ils peuvent être vendus au profit de la caisse communale, après une délibération du Conseil municipal.

Quant aux bois de chauffage, il est presque uniformément admis qu'ils peuvent être en tout ou en partie vendus au profit de la commune, lorsqu'il s'agit de subvenir à des besoins extraordinaires ou urgents et que la vente de la futaie n'est pas suffisante (1). On considère, en effet, que la commune propriétaire de la forêt ne saurait être privée du droit de disposer des fruits, et que le Conseil municipal, mandataire des habitants et organe naturel de leurs intérêts, doit conserver une liberté suffisante pour

(1) LARZILLIÈRE, p. 137, 138. En ce sens, PROUDHON, III, p. 341. MEAUME, II, n° 830. MIGNERET, n°ˢ 11 à 13.

pouvoir concilier, suivant les circonstances, les besoins du corps de la commune avec ceux de chacun de ses membres ». « Seulement, comme il n'est pas d'une bonne administration de gêner sans motif les administrés, l'autorité préfectorale doit veiller à ce qu'on ne recoure à ce moyen que dans le cas d'une nécessité bien constatée ; à elle d'empêcher que l'humble foyer ne soit sacrifié à l'intérêt égoïste ou aux desseins déplacés des administrateurs municipaux ».

SECTION II

Du partage par feu. — Sa mise en pratique

Le nombre de feux étant ainsi déterminé par la liste définitive homologuée par le préfet, il faut maintenant répartir les bois d'affouage entre les habitants inscrits au rôle.

Pour étudier cette répartition en pratique, il convient de distinguer, comme l'a fait le Code forestier lui-même, les bois de chauffage et les bois de construction, en remarquant, toutefois, que la répartition du produit des coupes dans chacune de ces deux catégories est une simple question de fait.

Il ne faut pas s'arrêter, en effet, à cette circonstance que les bois proviennent d'arbres de futaies ou de brins de taillis ; ces expressions ne se trouvent pas dans l'art. 105. La plupart du temps, la futaie donne du bois de construction, et les taillis du bois de chauffage, mais le contraire peut également arriver.

Il faut de même observer que l'expression : Bois de construction a un sens trop restreint littéralement et techniquement parlant. Il eût été préférable de dire : Bois de service, ce qui eût compris non seulement les bois de construction, mais aussi le bois d'œuvre ou d'industrie. Quoi qu'il en soit, pour plus de clarté, je préfère employer exactement là terminologie du Code.

En ce qui concerne les bois de chauffage, l'art. 105 n'a fait que reproduire l'ancien texte : « Le partage se fait par feu.... »

Pour effectuer ce partage, une fois l'exploitation de la coupe terminée, on procède d'abord au recensement et à l'évaluation en stères de l'affouage annuel. Si les affouagistes sont peu nombreux ou si le nombre de stères est assez considérable, le maire, en présence de deux délégués du Conseil municipal, forme autant de lots qu'il y a de parties prenantes. A chacun de ces lots correspond un numéro dont le double est jeté dans une urne à ce destinée. Les numéros sont ensuite tirés au sort par les habitants inscrits au rôle. A mesure que le tirage s'opère, le maire inscrit le numéro obtenu par chaque affouagiste en regard de son nom dans la colonne de la liste. Le double de cette liste est remis à l'entrepreneur, qui est spécialement chargé de surveiller l'enlèvement des portions échues.

Il est évident que, « avant de procéder au tirage, le maire doit avoir soin de constater, en présence des ayants-droit réunis, que le nombre de numéros jetés dans l'urne est parfaitement égal au nombre de portions à distribuer » (1).

(1) MARQUISET, p. 91.

Si les feux sont nombreux ou si le nombre de stères n'est pas considérable, la formation des lots et leur tirage au sort n'a pas lieu immédiatement ; mais, pour éviter la dissémination des bois devant composer chaque lot, et afin de simplifier les opérations du partage, on sectionne les affouagistes en plusieurs escouades ou chambrées. L'affouage annuel étant alors divisé en un nombre de séries correspondant, ce sont ces séries qui sont tirées au sort. Il est ensuite formé dans chacune d'elles autant de lots qu'il y a d'affouagistes dans la chambrée correspondante, et ces lots sont eux-mêmes tirés au sort (1).

L'avantage de ce second mode ressort clairement de l'exemple suivant : Supposons un village de 150 feux qui doit toucher 75 stères de bois de chauffage. Au lieu de partager directement, ce qui donnerait un demi-stère pour chaque feu, on groupe les affouagistes en 15 sections de dix feux, qui auront droit chacune à cinq stères, quantité que se répartiront ensuite entre eux les chefs de famille dont la section est formée.

..... Quant aux bois de construction, le Code de 1827 avait imposé leur estimation à dire d'experts et le paiement de leur valeur à la commune. La loi de 1883 a voulu donner aux élus de la commune une plus grande liberté dans la disposition des produits forestiers. L'art. 105 modifié est, en effet, ainsi conçu : « En ce qui concerne les bois de construction, chaque année, le Conseil municipal, dans sa session de mai, décidera s'ils doivent être, en tout ou en partie, vendus au profit de la caisse communale ou s'ils doivent être distribués en nature..... Dans le premier cas, la vente aura lieu aux enchères publiques par les soins

(1) GUYÉTANT, nouv. édit., p. 196, 197.

de l'administration forestière; dans le second, le partage aura lieu suivant les formes et le mode indiqués pour le partage des bois de chauffage (art. 105, § 2 et 3, C. for.)

La faculté conférée au Conseil municipal a pour résultat de permettre, lorsque la nécessité s'impose de pourvoir aux besoins de la caisse communale, de satisfaire dans une mesure plus légitime et dans des conditions d'égalité plus parfaites aux droits de chacun des habitants de la communauté (1). Comme l'a fait remarquer Guyétant, elle met un terme aux nombreuses difficultés que faisait naître l'application de l'ancien art. 105. Toutefois, « le Conseil municipal ne devra user de la faculté de vendre dont il est investi, que dans un intérêt général et non quand le prix de ces ventes ne devra être employé qu'à l'acquit des charges concernant les gros propriétaires ou de celles dont les pauvres ne seraient pas tenus. Il ne faut pas oublier que le prolétaire a droit à un lot d'affouage en nature comme le plus riche de la commune.... » (2).

..... La vente se faisant aux enchères publiques, par les soins de l'administration forestière, ces formalités sortent donc du cadre du sujet que j'étudie. Aussi, je me contenterai simplement de faire quelques remarques sur ce point.

Tout habitant de la commune peut se porter adjudicataire ; mais, dans ce cas, il doit nécessairement payer le prix comme un étranger. La vente, en effet, ne doit jamais profiter aux habitants considérés *ut singuli*.

Il est évident qu'il est impossible à un affouagiste de s'opposer à la vente de la totalité des futaies, en deman-

---

(1) V. Rapport de M. Lelièvre du 1er juin 1882.

(2) Guyétant, nouv. édit., p. 133.

dant que l'on remplace par des bois de service sa part de bois d'affouage notoirement insuffisante. L'Ordonnance de 1707 avait déjà repoussé cette prétention, qu'un arrêt de la cour de Nancy a condamné de nouveau et qui est insoutenable depuis 1883 (1).

Le Conseil municipal peut décider qu'il ne sera vendu qu'une partie seulement des futaies, si cela suffit pour l'acquittement des charges communales.

C'est même la pratique habituelle des communes du Haut-Jura qui, comme on l'a vu, ont remplacé la taxe et les autres frais par le prélèvement d'une certaine valeur sur l'affouage annuel. Dans ce cas, la valeur à prélever avant tout partage est préalablement déterminée dans la session de mai ; elle comprend alors, non seulement les frais correspondant à la taxe, mais ordinairement, suivant les ressources annuelles, une somme plus ou moins forte destinée à égaliser le budget et à augmenter le chapitre des recettes communales. La vente particulière se fait, d'ailleurs, sans aucune difficulté. Les acheteurs sont prévenus par affiches indiquant le jour de la vente et le prix qu'elle doit produire.

Au jour fixé, les arbres sont vendus aux enchères publiques jusqu'à concurrence de la somme votée. Dès que cette valeur a été atteinte ou légèrement dépassée, la vente cesse ; les arbres vendus sont marqués et peuvent être abattus. Généralement, pour faciliter la vente, il est accordé un terme pour le paiement et les acheteurs ont la possibilité de ne se libérer que par trimestre.

..... Le reste de la futaie annuelle doit être partagé par

(1) Nancy, 5 juin 1852, D. 54, 2, 490.

feu, de la même manière que le bois de chauffage. Voici les diverses opérations que nécessite la répartition de ces bois de construction (1) :

Sous la surveillance et la direction de l'entrepreneur spécial, qui peut s'adjoindre des gens experts, les arbres qui composent l'affouage annuel sont d'abord numérotés. On les estime, en général, pour avoir la valeur en mètres cubes de l'affouage. Puis, pour plus de justice, on classe les arbres en trois catégories : gros bois, bois moyen et petit bois. ˙

On fixe ensuite, en se fondant sur le cours des bois, le prix correspondant à chaque catégorie. Ordinairement, en pratique, chaque catégorie est estimée trente centimes de moins que la catégorie supérieure. Si, par exemple, le gros bois a été estimé à un franc, le bois moyen le sera à soixante-dix centimes et le petit bois à quarante centimes.

On additionne les trois catégories pour avoir la valeur réelle de l'affouage, et c'est cette valeur que l'on divise par le nombre de feux, afin de savoir à quoi a droit chaque chef de famille.

Le groupement en sections qui, à propos des bois de chauffage, était seulement utile dans certains cas, est ici toujours pratiqué, car il facilite le partage et en rend les opérations plus équitables. S'il y avait, par exemple, dans une commune, 180 affouagistes, on les grouperait en douze sections de 15 feux chacune. Si le nombre n'était que de 174, on les diviserait également en douze chambrées,

(1) Le mode que j'expose est celui qui est suivi dans les communes franc-comtoises propriétaires de forêts où les arbres d'essence résineuse sont dominants.

mais dont six seraient composées de 15 feux et les six autres de 14 (1).

Cette opération terminée, le maire répartit ordinairement lui-même les affouagistes dans les sections; toutefois, certains chefs de famille peuvent se grouper entre eux et obtenir l'autorisation de former une section.

Mais la répartition faite en principe par le maire soulève assez souvent des plaintes, des discussions particulières dont l'administration municipale n'est pas généralement responsable, et que l'on est parvenu à éviter dans certaines communes par un procédé un peu différent.

Le maire donne avis à ceux qui veulent se grouper entre eux de venir l'indiquer à la mairie dans une certaine limite déterminée. Et c'est seulement lorsque cette période est achevée que le maire dispose alors lui-même les feux restants dans les sections non encore formées.

En général, quel que soit le mode adopté, dans chacune des escouades définitivement établies, on fait entrer une part des trois catégories proportionnellement à la valeur de chaque catégorie. Supposons, en effet, qu'il y ait 8 sections et que le bois de construction se divise en 16 solives (2) de gros bois, 32 solives de bois moyen et 24 solives de petit bois. Chaque section aura alors 2 solives de gros bois, 4 solives de bois moyen et 3 solives de petit bois.

D'autre part, les sections formées comme on l'a dit précédemment sont inscrites sur un registre destiné à cet effet. Elles sont en double déposées dans une urne.

(1) Les mots : section, escouade, chambrée, ayant le même sens, je les emploie indistinctement afin d'éviter la répétition fastidieuse du même mot.

(2) Dans une grande partie de la Franche-Comté, le partage se fait encore à la solive. La solive est le neuvième du mètre cube.

Puis, on procède au tirage au sort. Pour cela, le maire fait l'appel d'après le rôle et le premier présent tire la section à laquelle il appartient. Lorsqu'une section est sortie, elle est inscrite au registre à ce destiné, sous le nom de celui qui l'a tirée, et s'il l'ignore, il est donné audit chef de section le nom des affouagistes qui la composent.

Une difficulté se présente dans le cas où toutes les sections n'ont pas une composition identique, ce qui peut arriver quand le nombre total des affouagistes n'est que très difficilement divisible. De cette nature est l'hypothèse que j'ai indiquée précédemment de 174 feux répartis en douze sections, dont six seront paires et les six autres impaires.

Supposons alors qu'un affouagiste d'une section paire tire au sort une section impaire ou réciproquement. Si on accorde à la section à laquelle il appartient la valeur de celle que le sort lui a fait obtenir, on arrivera à un résultat illégal et injuste, car il aura certainement ou plus ou moins que la part qui lui est accordée par la loi. Si, au contraire, on lui donne exactement la valeur à laquelle avait droit la section qu'il représente, le tirage au sort devient inutile.

On remédie à ce double inconvénient en transformant en section impaire la section paire dont le chef a obtenu au sort la valeur d'une section impaire et réciproquement en transformant en section paire la section impaire dont le chef a eu au sort la valeur d'une section paire.

Je m'explique par un exemple :

Soit une commune de 49 feux groupés en quatorze sections dont sept comprendront 4 affouagistes et les sept autres 3 seulement. On aura un rôle aussi formé (1) :

(1) Les lettres désignent les affouagistes chefs de famille.

A B C D 1re section (paire);
E F G 2e section (impaire);
H I K 3e section (impaire), etc.

Supposons que B, qui tirera la première section en l'absence de A, obtienne une section impaire. Si on ne lui accordait que 3 parts en laissant la section telle qu'elle s'était constituée, ce serait évidemment illégal. Si, d'un autre côté, on lui donnait la valeur d'une section paire, le tirage au sort deviendrait inutile.

Alors on ne lui assigne que la valeur d'une section impaire à laquelle il a seulement droit; mais on transforme sa section, qui ne se composera plus que de A B C.

La seconde section commencera à D.

Si le chef de la deuxième section (E par exemple), tire une section paire, il n'y aura rien de changé à la composition de sa section, sinon qu'elle aura été augmentée de D, et cette seconde section (paire, par conséquent, depuis le tirage au sort), se composera de D, E, F, G.

Si, au contraire, E, chef de la deuxième section, avait tiré une section impaire, la seconde section serait restée impaire (ce qu'elle était primitivement); seulement, elle se composerait non plus de E, F, G, mais de D, E, F. La troisième section commencerait alors à G. Et ainsi de suite.

Il aurait pu se faire que le chef de la première section ayant tiré une section paire, qui se composera par conséquent de A, B, C, D, le chef de la deuxième obtienne également une section paire. La troisième section sur laquelle la deuxième aura empiété, ne commencera qu'à I, et dans tous les cas, elle empiètera à son tour sur la quatrième.

Lorsque le tirage au sort a déterminé la part échue à

chaque section, il s'agit de procéder au partage proprement dit.

Régulièrement, pour être en conformité stricte avec le texte de l'article 105, la répartition du bois de construction devrait se faire en nature comme celle du bois de chauffage. Mais, dans notre hypothèse, si le partage en nature s'exécutait, il nécessiterait presque toujours des licitations, car les arbres de haute futaie divisés à l'infini perdent beaucoup de leur valeur.

De plus, le mode légal entraîne fréquemment de graves inconvénients et présente même parfois des impossibilités complètes d'exécution. Les arbres, en effet, ne sont pas et ne peuvent pas être tous de même qualité. Souvent même, dans l'estimation, les experts les plus habiles croient certains arbres sains et leur donnent une valeur beaucoup plus considérable que celle qu'ils ont en réalité; puis, au moment de l'exploitation, on découvre que beaucoup d'entre eux sont gâtés ou caverneux.

Cette erreur, presque impossible à éviter, peut causer une dépréciation même du tiers ou du quart et qui, dans le cas du partage en nature, n'est supportée que par quelques affouagistes, parfois les mêmes qui, croyant à une mauvaise volonté à leur égard, élèvent des plaintes injustes et créent dans les communautés des dissensions toujours fâcheuses.

Ces inconvénients apparaissent surtout dans les communes du Haut-Jura. Là, en effet, le bois de chauffage se trouve en quantité presque négligeable en comparaison des bois de construction. Car, parfois, sur huit à neuf mille francs d'affouage, le bois de chauffage entre à peine pour cent cinquante francs.

De plus, ainsi que je l'ai dit précédemment, l'affouage

constitue le principal revenu de ces contrées et chaque découverte que l'affouagiste fait dans son lot d'un bois dont
la valeur n'est pas exactement celle fixée par le rôle, le fait
immédiatement songer à une fraude ou tout au moins à
un parti-pris contre lui.

Aussi, la plupart des communes ont adopté un procédé
particulier qui remédie en grande partie à ces injustices
apparentes de répartition.

Lorsqu'une section a obtenu son lot particulier, les
affouagistes qui la composent doivent dans cette masse
tirer au sort la portion qui leur revient. Cette opération
est bien effectuée, car elle est nécessaire pour déterminer
la valeur sur laquelle chaque affouagiste pourra compter.
Mais, au lieu de prendre leur part en nature, tous les chefs
de famille de la section s'entendent pour ne pas déprécier
la masse en la divisant. Dès lors, à condition toutefois que
tous y consentent, cette masse est vendue au commerce
par le chef de section, et les affouagistes de la section s'en
répartissent le prix de vente.

Il s'ensuit, par conséquent, que c'est l'acheteur du
lot tout entier qui supporte seul les risques provenant
de la dépréciation imprévue des bois, tandis qu'aucun
membre de la section n'est favorisé au détriment des
autres.

Ce mode n'est contraire à aucun principe de droit,
puisque, comme on le verra, les affouagistes ont le droit de
vendre ou de céder leur part d'affouage. Cependant, il ne
fait pas disparaitre entièrement tous les inconvénients,
car il peut se faire que certaines sections n'obtiennent que
des bois dont l'exploitation fait découvrir les vices ina-
perçus, tandis que d'autres recueillent une valeur beaucoup plus considérable.

Ce dernier préjudice est supprimé, parfois, de la manière suivante :

Lorsqu'on a déterminé la valeur de l'affouage à partager, une délibération du Conseil municipal, approuvée par le préfet, permet au maire ou à un notaire désigné, qui le représente, de vendre administrativement toute la coupe affouagère et de répartir le montant du prix entre les affouagistes. De cette manière, une part absolument égale est donnée à chaque feu, et ce sont seulement les acheteurs qui courent les risques d'une mauvaise estimation.

Cette vente, qui n'a lieu qu'après le paiement des frais, et si besoin est, après le prélèvement d'une part pour l'utilité du budget annuel, n'est en apparence qu'une application plus générale du mode précédent. En effet, au lieu de répartir d'abord entre les sections l'affouage qui reste après le prélèvement, puis de permettre à chaque chef de section de vendre la portion qu'il a obtenue au tirage au sort et d'en répartir le prix entre les membres de la section à laquelle il appartient, on donne le même pouvoir au maire, qui dès lors est obligé envers les habitants ayant droit à l'affouage par un mandat de gestion d'affaires, l'obligeant à vendre l'affouage annuel de la meilleure manière possible à leur profit, et à leur en distribuer ensuite le prix.

Mais, en réalité, ce procédé aboutit au partage en argent, qui est opposé à l'idée même de l'affouage, qu'aucun texte n'a jamais consacré et qui semble absolument contraire à la loi actuelle, car l'art. 105, § 2, donne seulement au Conseil municipal le choix entre la vente au profit de la caisse communale et la distribution en nature. Il n'y est aucunement question du partage en valeur.

Et si l'autorité préfectorale l'autorise parfois, c'est en

s'appuyant uniquement sur l'intérêt des communes forestières.

Pourtant, comme ce système n'a jamais été règlementé,
il est souvent très mal compris des municipalités et produit, dans bien des cas, des résultats entièrement défavo-
rables aux affouagistes.

Ainsi, en 1894, une délibération du Conseil municipal
de la commune d'Arc-sous-Montenot, délibération approuvée par le Préfet du Doubs, a permis de vendre l'affouage
annuel tout entier aux adjudications publiques, par les
soins de l'administration forestière. Le montant de la
vente, disait la délibération, sera payé entre les mains du
Receveur municipal, qui prélèvera une certaine somme au
profit de la caisse communale et distribuera le reste aux
affouagistes, tant par feu.

Or, avec ce nouveau mode, il est impossible de supposer
un mandat de gestion d'affaires donné par les habitants
au maire, car il ne s'agit plus d'une vente particulière faite
administrativement et l'affouage n'est pas même en apparence distribué en nature, ce qui est en contradiction
absolue avec les termes précis de l'art. 105.

De plus, cette répartition est très désavantageuse pour
les affouagistes eux-mêmes. En effet, d'après la pratique
suivie dans les ventes faites par l'administration forestière, les acheteurs de la coupe ont obtenu l'autorisation
de se libérer par trimestre. Cela peut se concevoir quand
il s'agit d'une vente faite au profit exclusif de la caisse
communale; mais, dans notre cas, cette autorisation
aboutit à ce résultat que les affouagistes d'Arc n'auront
leur part complète d'affouage de 1894 qu'à la fin de 1895.
Ils ne le toucheront, en effet, que par quart, dont le premier a dû leur être payé à la fin de janvier 1895 et le

second à la fin d'avril. La valeur de chaque quart sera encore diminué par le prélèvement communal. Enfin, à chaque trimestre, la confection d'un nouveau rôle est nécessaire.

C'est pour éviter les inconvénients qui peuvent ainsi résulter de ce système que quelques préfets ont prohibé, d'une manière absolue, le partage en argent. Cette interdiction existe par exemple dans les Vosges.

Déjà avant 1883, en effet, l'usage s'était introduit, dans quelques communes de ce département, de vendre les coupes de bois, soit à raison de ce que les habitants étaient suffisamment pourvus par leurs propriétés particulières, soit, au contraire, à raison du peu d'importance des bois communaux, qui aurait rendu la distribution insignifiante pour chacun des habitants. Mais une circulaire du préfet vint complètement proscrire cet usage. « Lorsqu'une coupe affouagère, disait-elle, n'est pas en tout ou en partie vendue au profit de la caisse communale, l'administration ne peut consentir, au profit des affouagistes, que la délivrance en nature. C'est aux intéressés à s'entendre entre eux, en dehors de toute intervention administrative, pour vendre en bloc, s'ils croient y avoir intérêt, les lots qui leur sont délivrés. »

Cet arrêté préfectoral n'a évidemment d'autorité que dans le département où il a été rendu. Cela explique pourquoi, dans le département du Doubs, par exemple, le partage en argent peut encore fonctionner.

..... Pour compléter cet exposé de la mise en pratique actuelle du partage de l'affouage, quelques remarques me paraissent nécessaires.

Certains auteurs se sont demandés si l'affouage était cessible ?

Evidemment, si l'on entend par affouage le droit qui appartient à tout chef de famille domicilié dans la commune, il ne peut faire l'objet d'une cession, car le droit de jouissance des habitants sur les bois communaux est la conséquence de la qualité de membre de la communauté affouagère, qualité qui ne s'acquiert ni ne se transmet par cession, mais seulement par les relations locales (1).

Mais si, au contraire, on désigne par ce mot d'affouage le droit qui appartient aux habitants sur les bois compris dans la portion qui vient à leur échoir, il faut répondre affirmativement, car l'affouagiste est devenu propriétaire de son lot, dont il peut disposer comme d'un autre objet lui appartenant. C'est un principe élémentaire de droit et dont aucune raison ne permet de refuser ici l'application.

Dans l'ancien droit, cependant, il était expressément défendu aux habitants de vendre leurs affouages. Des pénalités très sévères étaient même édictées contre les contrevenants, qui, suivant un arrêt du Conseil du 29 décembre 1778, étaient privés pendant un an de leur portion d'affouage et condamnés aux frais. Postérieurement à la Révolution, la même prohibition avait été consacrée par un arrêt de Cassation du 13 octobre 1809, qui reconnaissait la légalité d'un arrêté par lequel le préfet des Vosges avait rappelé les habitants à l'observation des anciens règlements et plus tard encore par un arrêt de la Cour de Metz du 3 janvier 1825, qui appliquait aux vendeurs les dispositions anciennes de l'arrêt de 1778 (2).

Aujourd'hui, personne ne conteste aux affouagistes le

(1) V. Guyétant, nouv. édit., p. 28.
(2) S. et P., chr.

9

droit de vendre la portion de bois compris dans leur lot.
Cette solution ressort manifestement, en effet, du rapprochement des art. 83 et 112 du Code forestier et, de plus, d'une décision du ministre des finances du 4 juin 1841, qui a proclamé qu'aucune disposition du Code forestier ne met obstacle à ce que les affouagistes disposent à leur gré de leurs portions d'affouage et puissent opérer la vente.

Il s'ensuit, par conséquent, que l'arrêté d'un maire ou d'un préfet, interdisant d'une manière absolue aux habitants la vente de leurs affouages, ne serait pas obligatoire.

Une discussion s'est élevée dans le cas où l'arrêté d'un maire ou d'un préfet défendrait seulement de vendre les parts d'affouage en forêt et tant qu'elles ne seraient pas au domicile des affouagistes. La validité d'un tel arrêté, reconnue par Migneret, Meaume et Curasson, a été consacrée par un arrêt de la Cour de Cassation du 6 février 1824. Le principal argument de ce système est que, dans ce cas, l'arrêté ne paralyse pas le droit de vente, mais constitue une mesure de police qui règlemente seulement l'exercice de la vente dans l'intérêt du bon ordre.

Malgré la valeur de toutes les autorités qui ont consacré cette première opinion, je crois qu'il faut pourtant la repousser et admettre avec Larzillière que, « si les magistrats municipaux peuvent tracer des règles spéciales pour l'enlèvement des portions affouagères, ils excéderaient la limite de leur pouvoir en prohibant, même temporairement, la vente des bois devenus la propriété des affouagistes » (1).

---

(1) LARZILLIÈRE, p. 151.

D'ailleurs, dans une espèce de même nature, la Cour de Cassation a reconnu, par un arrêt du 6 avril 1865, qu'on devait considérer comme illégale et non obligatoire la délibération du Conseil municipal qui défend de sortir de la commune, sans l'autorisation du maire, le bois provenant de l'affouage communal (1).

Les affouagistes sont donc toujours maîtres de disposer de leur portion affouagère comme ils l'entendent. Nous avons vu précédemment une application de ces principes dans le cas où les membres d'une section, afin d'obtenir une répartition plus équitable, se réunissent pour vendre en bloc tous les bois de la section et s'en répartir ensuite le prix.

Comme autre conséquence de ce droit de propriété, il faut aussi admettre, avec la majorité des auteurs, que le créancier d'un affouagiste peut former saisie sur le lot lui revenant.

La saisie-arrêt, en effet, qui est un acte au moyen duquel un créancier arrête, entre les mains d'un tiers, les sommes ou effets mobiliers que ce tiers doit lui-même remettre ou payer au débiteur, peut être pratiquée sur toute espèce de biens, sans autre exception que certaines choses déclarées insaisissables par la loi. Or, nul texte de loi n'a donné ce caractère à l'affouage délivré aux habitants.

Toutefois, comme le remarque Migneret, « l'effet de cette saisie doit être subordonné à l'observation des formalités administratives et ne pourrait préjudicier ni à l'accomplissement du partage des lots après l'exploitation, ni au droit de la commune de faire vendre la portion d'af-

(1) Bull. cass. civ., 1865, p. 108.

fouage saisie à défaut de paiement, soit par le saisi, soit par le saisissant, à son lieu et place, de la taxe assise sur cette portion » (1).

Certains auteurs ont même pensé que le créancier d'un individu ayant droit à l'affouage pourrait, au cas où le débiteur négligerait de faire valoir ce droit, l'exercer en son lieu et place, conformément à l'art. 1166 du Code civil.

(1) MIGNERET, p. 248.

CHAPITRE III

Des cas dans lesquels on peut déroger aux Règles ordinaires.

D'après la rédaction de 1827, les règles de l'art. 105 ne devaient s'appliquer que dans les communes au profit desquelles n'existaient pas un titre ou un usage contraire.

En 1883, on supprima tous les usages, dont la conservation était souvent devenue en contradiction évidente avec les mœurs et l'esprit de notre époque. Mais les titres ont survécu et, aujourd'hui encore, ils peuvent faire échec au principe général de l'art. 105.

D'une manière générale, on entend, en jurisprudence, par le mot titre, un acte, un instrument écrit destiné à prouver un droit, une propriété, une jouissance, à constater qu'une chose a été faite, dite ou convenue.

Spécialement en notre matière, cette expression désigne des écrits sur lesquels s'appuient des usages anciens ou qui sont venus corroborer ces usages. Il est évident, en effet, que si un titre n'avait jamais été consacré par la pratique, il n'aurait qu'une simple valeur historique et ne pourrait modifier une loi. Ce sens résulte d'ailleurs des travaux préparatoires de 1827. Car la proposition présentée par M. de Martignac, à la fin de 1826, ne faisait céder le principe du partage par feu que devant les usages qui s'appuyaient sur un titre.

Ce fut à cette idée primitive que le législateur a voulu revenir en 1883 ; on considérait, en effet, que, dans ce cas, il y avait une sorte de droit acquis au profit de la commune. Au surplus, cette restriction n'entraînait pas de très lourdes conséquences, car aujourd'hui les titres relatifs au partage de l'affouage ont en grande partie disparu. C'est pourquoi je n'insisterai pas beaucoup sur ce sujet. Je me contenterai d'examiner brièvement : quel est le domaine d'application de ces titres contraires ; quelle est leur nature ; enfin, à quelles conditions et dans quelle mesure ils sont obligatoires.

SECTION I.

Domaine d'application des Titres contraires.

Nous avons vu que, dans notre ancien droit, où le partage de l'affouage se faisait suivant la coutume, on pouvait ramener à deux groupes les différents usages qui réglementaient la répartition du produit des coupes affouagères.

Tout d'abord, l'usage pouvait porter sur le mode de partage : en effet, suivant les communes, la répartition se faisait par tête, par feu, par toisé de bâtiments, au prorata des contributions, etc.

— 143 —

D'autres fois, des coutumes spéciales modifiaient seulement, suivant les villes, les règles d'application du mode
de partage ou les conditions de participation à l'affouage.
Ainsi certains habitants, les célibataires par exemple,
étaient exclus ; dans quelques communautés, on exigeait
pour la participation au droit la qualité de propriétaire ou
le paiement de certains impôts.

Or, les titres peuvent consacrer soit les uns, soit les
autres de ces deux sortes d'usages. Et alors la question se
pose de savoir si, sous l'expression titre contraire, de l'art.
105, il faut comprendre sans distinction tous les titres
existants, qu'ils aient rapport au mode de partage en lui-
même ou aux conditions d'aptitude pour y participer.

Sur ce point, l'opinion des auteurs qui, avant 1883, dis-
cutaient la question à propos des usages, est à peu près
unanime.

« Le Code forestier, dit Guyétant (1), ne s'est point
occupé des usages concernant les qualités ou conditions
exigées pour être affouagiste..... Il faut regarder comme
maintenus les seuls usages portant sur la manière ou le
mode de distribuer l'affouage aux ayants-droit, abstraction
faite des individus, de leur qualité et des conditions nécessaires pour être partie prenante. »

C'est également l'opinion de Meaume, de Migneret et de
Larzillière (2).

Le système contraire a pourtant été soutenu. Dans ses
annotations sur Proudhon, Curasson (3), s'appuyant sur
la généralité des termes de la loi, avait paru admettre

(1) Guyétant, anc. édit., p. 372.
(2) Meaume, II, n° 776. — Migneret, p. 141. — Larzillière, p. 154.
(3) Proudhon, III, p. 456.

indistinctement tous les anciens usages en ce qui concernait l'affouage. Les mêmes idées furent émises dans le *Journal des Communes* et dans le *Journal des Conseillers municipaux* (1).

Mais cette théorie a été condamnée par un arrêt de la Cour de Colmar, en date du 21 novembre 1836 (2), et par un arrêt de la Cour de Cassation du 9 avril 1838 (3). Les principes que reconnaissaient ces deux décisions ont été admis par l'administration (4) et adoptés par la jurisprudence postérieure (5).

Dans l'affaire soumise à la Cour de Colmar, puis à la Cour de Cassation, il s'agissait d'apprécier la réclamation de plusieurs habitants de la commune de Bendorff, qui n'avaient pas été admis à participer à l'affouage, par le double motif qu'ils n'étaient ni bourgeois, ni fils de bourgeois et qu'ils ne s'étaient point conformés à un usage immémorial suivant lequel la commune n'admettait les nouveaux habitants à l'affouage qu'après qu'ils avaient versé dans la caisse communale une somme égale à celle qui avait été payée par le dernier bourgeois reçu.

La prétention de la commune avait déjà été repoussée par le Tribunal d'Altkirch et les juridictions supérieures ne firent que confirmer le jugement de première instance.

C'était rationnel, car il est évident que l'intention du législateur n'a pu être de rendre indistinctement vigueur

(1) *Journal des Communes,* VIII, p. 159. — *Journal des Conseillers municipaux*, II, p. 83.

(2) S., 37, 2, 230.

(3) S., 38, 1, 302.

(4) Circ. 28 mai 1838 (rapportée par Migneret, p. 150 et suiv.)

(5) Langres, 21 mai 1839. Compar.: Conseil d'Etat, 26 nov. 1875. D. P., 76, 3, 48.

à toutes les coutumes précédemment abolies. «.... Il ne pouvait permettre qu'on divisât de nouveau les habitants d'une même localité en classes jouissant de privilèges différents et dont les unes auraient participé aux produits de la forêt, tandis que les autres en auraient été exclues. C'eût été fouler aux pieds les règles constitutionnelles qui dominent tous nos codes et les principes qui président à notre législation communale. Il n'y a donc lieu de recourir à l'usage (ou au titre) que quand il s'agit de fixer le mode de partage et non de déterminer les conditions à remplir pour être compris au nombre des co-partageants » (1).

Toutefois, il me semble que l'on doit apporter certains correctifs à cette théorie.

Si, en effet, on suivait à la lettre les principes que posent les auteurs, on arriverait à cette idée que le titre contraire doit avoir exclusivement rapport au mode de partage, abstraction faite, comme dit Guyétant, des conditions nécessaires pour être partie prenante, et que ces conditions doivent être réglées uniquement par la loi actuelle.

Or, il y a un rapport étroit entre le mode de partage et les conditions d'aptitude pour y participer. Supposons, en effet, qu'un titre consacre le partage par toisé (2), il est certain que, dans la commune où existera ce titre, il ne sera pas nécessaire, pour prendre part à la répartition, d'être chef de famille ni même domicilié ; il suffira d'être propriétaire dans la commune. Car si, dans ce cas, on im-

(1) Larzillière, p. 154.

(2) Aujourd'hui encore, en Franche-Comté, la commune d'Esserval-Tartre (Jura) répartit ses bois par toisé de bâtiments, en vertu d'un titre du 8 avril 1603, confirmé par un jugement du Tribunal d'Arbois de 1885.

posait à tout propriétaire l'obligation de se soumettre aux conditions requises par le § 1er de l'art. 105, on violerait le titre lui-même, puisqu'on ajouterait quelque chose aux règles du partage par toisé.

De même, si le titre reconnaissait le partage par tête, personne n'oserait soutenir que, dans cette hypothèse, les affouagistes, dont le droit est régi par ce titre, doivent avoir la qualité de chef de famille ou de maison.

Cependant, dans les deux cas que je viens de citer, il s'agit bien d'un titre relatif au mode de partage et par conséquent reconnu par les auteurs.

Donc, on ne peut pas poser en principe général que la restriction de l'art. 105 n'a trait qu'au mode de partage et jamais aux conditions de participation, car les conditions sont nécessairement modifiées par l'admission d'un mode contraire.

Mais, d'autre part, le législateur n'a certainement jamais voulu, comme l'a pensé Curasson, faire revivre toutes les différences de condition sociale qui existaient avant 1789.

Et alors, voici ce qui me semble résulter du texte et des travaux préparatoires :

Si le titre reconnaît un mode de partage différent du partage par feu, par exemple, le partage par toisé ou le partage par tête, il conserve, sous la législation nouvelle, toute son ancienne force et doit s'exécuter avec toutes ses conditions ordinaires.

Si, au contraire, le titre invoqué consacre le principe du partage par feu, mais impose, pour y participer, d'autres conditions que celles requises par la loi, telles que la qualité de propriétaire ou le paiement d'impôts, il ne devra plus s'appliquer et il faudra observer strictement l'art. 105.

En effet, un titre semblable ne serait pas contraire au partage par feu et d'ailleurs son admission serait en contradiction absolue avec le rapport de Favart de Langlade, qui s'exprimait ainsi : «... L'article fixe le principe que le partage des bois d'affouage doit s'exécuter par feu ; mais si un mode de partage différent est établi par un usage ou par une possession immémoriale, il faut le respecter. »

On pourrait donc exprimer ainsi l'idée du législateur de 1827 : « Dorénavant, le partage de l'affouage communal se fera par feu. S'il existe, dans certaines communes, un titre ou un usage valables qui imposaient un mode de partage différent, ce titre ou cet usage continueront à avoir force de loi. Mais, dans toutes les communes où le partage a lieu par feu, ma volonté est que tout chef de famille ou de maison soit compté pour un feu, s'il réunit à cette qualité un domicile réel et fixe dans la commune. »

Ce sont d'ailleurs ces principes qui ont évidemment motivé la condamnation de la commune de Bendorff, dans l'affaire précédemment citée. Le jugement du Tribunal d'Altkirch est, en effet, ainsi conçu : « Considérant.... que la discussion aux Chambres sur cet art. 105 du Code forestier démontre évidemment que le législateur n'a nullement eu la pensée et encore moins la volonté de consacrer et sanctionner l'usage allégué par la commune défenderesse (qualité de bourgeois et paiement de taxe imposés aux chefs de famille), mais n'a voulu parler que des usages ayant familiarisé un autre mode de distribution de l'affouage que celui par feu qu'il posait en principe et par règle générale, tel, par exemple, que celui par tête ou celui reposant sur l'importance des contributions acquittées par les parties prenantes, ou encore celui prenant pour base l'étendue des édifices par elles possédés. »

C'est également en ce sens qu'il faut comprendre un arrêt plus récent du Conseil d'Etat du 26 novembre 1875, qui admet la réclamation de deux affouagistes dont le Conseil de Préfecture avait refusé l'inscription sur la liste affouagère, en se fondant sur ce que les demandeurs n'étaient pas propriétaires, qualité imposée à tout chef de famille par un ancien usage de la commune de Lagarde.

D'une manière générale, par conséquent, les règles que j'ai posées sont ordinairement observées.

Toutefois, il s'est élevé en pratique une très vive controverse sur le point de savoir si l'on devait considérer comme ayant survécu à la règlementation du Code forestier le titre (et, avant 1883, l'usage) qui, tout en posant le principe du partage par feu, attribuerait seulement une demi-part à certaines personnes, par exemple aux veuves ou aux célibataires.

Or, à ce sujet, le Ministre de l'Intérieur écrivait, en juillet 1828, au préfet du Doubs : « Le Code forestier admet des exceptions en-cas de titres particuliers ou d'usages contraires. Il en résulte que si réellement la commune de Bavans avait conservé l'ancien usage de n'accorder qu'une demi-portion d'affouage aux veuves restées sans enfants, cet usage, quoique peu conforme au nouveau droit communal, devrait être respecté, parce qu'il se trouverait soumis à l'exception consacrée par la loi du 21 mai 1827 » (1).

Et postérieurement, un arrêt de la Cour suprême, du 4 mars 1845, cassant un arrêt de la Cour de Dijon, consacrait comme valable l'usage de la commune de Vauxbons,

(1) CURASSON, II, p. 471.

suivant lequel les habitants non mariés, ou qui n'avaient pas avec eux enfants ou domestiques, n'avaient qu'un demi-lot d'affouage (1).

En doctrine, on a justifié cette opinion en disant que, dans tous les cas semblables, il ne s'agissait que de la quotité affouagère à attribuer aux individus et que, pour déterminer cette quotité, il importe peu que l'on se base sur les impôts, l'étendue des bâtiments ou toute autre circonstance (2).

Mais j'avoue ne pas comprendre le rapport qui existe entre ces dernières hypothèses, où le principe même du partage est en jeu, et le cas qui nous occupe, dans lequel il s'agit seulement de déterminer la portion plus ou moins grande à laquelle les affouagistes ont droit, sans que le titre (ou l'usage, avant 1883), soit opposé au mode de partage par feu établi par la loi.

Je crois que cette interprétation presque générale est erronée et il me semble que, conformément aux principes que j'ai expliqués précédemment, il est impossible de considérer comme titre contraire le titre qui, tout en reconnaissant le principe de l'art. 105, attribue à certains affouagistes une demi-part.

D'ailleurs, la Cour de Cassation esquive la question : elle fonde sa décision uniquement sur ce fait que l'usage invoqué avait le caractère de généralité exigé ; mais elle n'examine pas si cet usage est de ceux qui ont été reconnus par la loi.

(1) D. P., 45, 1, 142. — En ce sens : Conseil d'Etat, 15 juin 1849.

(2) MIGNERET, p. 153. — MEAUME, nº 509. — GUYÉTANT, anc. édit., p. 375. — LARZILLIÈRE, p. 155.

La Cour de Dijon avait mieux compris la question. Dans l'arrêt rendu le 6 janvier 1841, elle s'exprime ainsi : « Considérant que le Code forestier, dans son art. 105, a posé en principe que le partage de l'affouage doit se faire par feu, que si, par exception, il a maintenu des usages contraires, la disposition de la loi, dont le but est évidemment de ramener à l'uniformité et qui, par conséquent, est essentiellement restrictive dans son exception, ne permet d'admettre que des usages généraux incontestablement établis et qui établiraient une disposition autrement que par feu. A déclaré abrogé l'usage constant et avoué dans la commune de Vauxbons de n'admettre les célibataires que pour un demi-lot au partage de l'affouage. »

Et, en effet, le célibataire, la veuve ont incontestablement la qualité de chef de famille. Pourquoi, dès lors, maintiendrait-on à leur préjudice un usage qui les placerait dans une condition d'infériorité vis-à-vis des autres chefs de famille ? La seule considération que l'on pourrait invoquer serait que le célibataire ou la veuve sont réputés posséder un ménage moins considérable et n'avoir pas besoin, par suite, d'une portion affouagère aussi abondante. Ce ne serait qu'une simple supposition qui est loin d'être toujours vraie ; il faudrait de plus admettre nécessairement la même théorie à l'égard des familles très peu nombreuses et on aboutirait en réalité à un arbitraire sans limites qui violerait la règle d'égalité du partage que la loi, d'accord avec les mœurs, a voulu établir dans la distribution de l'affouage.

En résumé, j'arrive à la conclusion suivante : On doit considérer comme faisant seuls échec à la loi les titres qui consacrent d'une manière formelle un mode de partage différent du partage par feu. Tous les autres titres, quels qu'ils soient, sont indistinctement abolis et ne peuvent modifier les règles établies par l'art. 105 du Code forestier.

SECTION II.

Nature des Titres contraires.

Les titres qui établissent un mode de répartition contraire au partage par feu peuvent être soit conventionnels, soit légaux ou règlementaires.

Le titre conventionnel est destiné à constater une convention entre deux ou plusieurs contractants, tandis qu'au contraire les titres légaux ou règlementaires puisent leur force non dans la convention des parties, mais dans le pouvoir du souverain ou de ses délégués. Les uns et les autres doivent-ils être également respectés ?

Le silence que le législateur a gardé sur ce point, en 1827 et en 1883, a permis à trois opinions différentes de se faire jour sur la question.

Un premier système, adopté presque unanimement en doctrine, pose en principe que le législateur n'a pu faire allusion qu'à des titres légaux ou règlementaires, c'est-à-dire des édits ou des arrêts de Règlement.

C'est l'opinion soutenue par Curasson (1), par Migne-

(1) CURASSON, I, p. 423.

ret (1), par Martinet (2), par Larzillière (3) et que Meaume
a résumé très clairement : « Le Code forestier, dit-il (4),
n'a pas défini ce qu'il entend par titre dans l'art. 105, mais
il est évident qu'il ne peut s'agir ici d'un titre conventionnel. Quelle serait la convention capable de lier les successeurs des habitants ou même les nouveaux venus, qui eut
pu intervenir entre les membres d'une même communauté ? Il est évident que si de semblables conventions,
en les supposant valables, avaient jamais pu être réalisées,
elles ne pouvaient obliger que ceux qui y étaient dénom-
més, et les nouveaux venus n'étant pas tenus de reconnaître ces conventions, il en serait résulté que la mobilité
de la population aurait été un obstacle continuel à la fixité
d'un mode quelconque de distribution de l'affouage. On
ne peut davantage supposer l'existence d'un titre conventionnel intervenu entre la commune et un particulier propriétaire de forêts, car alors, ainsi que le font remarquer
MM. Curasson et Migneret, il s'agirait d'un simple droit
d'usage. Il est également impossible d'admettre que les
habitants aient pu contracter entre eux *ut singuli* d'une
part et le corps moral de la commune d'autre part. On ne
doit donc entendre ici par titres que des actes de l'autorité
publique qui avaient autrefois le caractère des actes de
tutelle administrative. Tels étaient, pour la Lorraine, les
édits des 31 janvier et 13 juin 1724 ; pour la Franche-
Comté, l'édit du 19 août 1766, relatif aux trente-six
paroisses riveraines de la forêt de Chaux. Tels seraient
encore, dans un grand nombre de provinces, les arrêts de

(1) MIGNERET, n° 75, p. 121 et suiv.
(2) MARTINET, p. 11.
(3) LARZILLIÈRE, p. 170.
(4) MEAUME, II, p. 90-91, n°s 503 et suiv.

règlement émanés des cours souveraines et qui détermi-
naient pour toute l'étendue de leur ressort, avant la Révolution de 1789, le mode de distribution de l'affouage » (1).

Guyétant, au contraire, déclarant erronée l'opinion générale, soutient qu'il peut s'agir de titres conventionnels.
« Il a très bien pu arriver en fait, dit-il, que les habitants
d'une commune se soient réunis à l'administration municipale et aient déclaré que l'affouage se distribuerait de
telle manière. Ce serait bien là un titre conventionnel ; à
la vérité, il serait nul *ab initio ;* mais si, pendant plus de
trente ans, sans opposition aucune, avant la promulgation
du Code forestier, il avait été exécuté volontairement, il
serait devenu obligatoire, car le long temps écoulé aurait

(1) On a parfois invoqué en ce sens un jugement du Tribunal de
Chalon-sur-Saône, du 24 janvier 1893, suivant lequel « il faut entendre par titres, non pas seulement des écrits ou actes constitutifs
des titres au profit de tels habitants, mais encore des écrits présentant
une authenticité certaine, soit au point de vue de l'acte en lui-même :
l'instrumentum, soit au regard de l'autorité dont il émane, de telle
sorte que des titres conventionnels ne pourraient être retenus utilement au procès ; que ces titres doivent être légaux ou règlementaires,
relatifs au partage de l'affouage, tels qu'arrêts de règlement, édits et
déclarations émanés des autorités compétentes ou homologués par
elles. » Mais il importe de ne pas donner à cette décision une très
grande importance, car, en réalité, dans l'espèce, il s'agissait non
d'une question relative au partage de l'affouage, mais du droit des
habitants d'une section de commune à l'affouage communal. Et en
appel, la Cour de Dijon reconnait, par un arrêt du 27 décembre 1893,
« qu'il ne s'agit pas dans la cause du mode de partage de l'affouage
tel qu'il est déterminé par l'art. 105 du Code forestier, mais de l'exercice d'un droit privatif que la commune appelante revendique au
profit d'un certain nombre d'habitants à l'exclusion des autres. » —
Cs. *Revue Bourguignonne,* 1894, T. IV, n° 3. — *Jurisprudence,*
p. 47 et suiv. — D. P., 1894, 2, 111.

10

purgé le vice originel dont il était atteint et lui aurait donné la vie légale qui lui manquait dans le principe » (1).

De plus, Guyétant semble repousser en général les titres légaux ou règlementaires. Suivant lui, en effet, la loi du 30 Ventôse An XII a complètement abrogé les arrêts de règlement comme lois. « Et d'ailleurs, s'ils avaient été conservés par la disposition exceptionnelle de l'art. 105 du Code forestier, il est certain qu'ils pourraient être invoqués par toutes les communes ressortissant du Parlement qui les aurait rendus, puisque de telles décisions tenaient lieu de lois. Comme on ne rencontrerait peut-être pas de Parlement en France qui n'ait rendu d'arrêts de règlement sur le partage des affouages, la règle de l'art. 105 deviendrait illusoire. »

Il en conclut que les arrêts de règlement ne pourraient être invoqués que comme preuves de l'usage. Quant aux édits anciens, Guyétant ne discute que sur deux édits spéciaux. Il démontre que l'édit de 1766 est un titre conventionnel et déclare abrogé par les lois postérieures à 1789 l'édit de 1724, spécial à la Lorraine.

M. Saleilles a repris ce système en le précisant. Pour cet auteur, en effet, le législateur de 1883 voulait établir une législation entièrement uniforme. « Cependant, s'il croit devoir l'arrêter, ce sera uniquement devant un droit supérieur, un droit fondé sur autre chose que la règlementation judiciaire ou coutumière, et ce droit supérieur, la convention seule peut le fonder. » (2).

Pour moi, je préfère, à ces deux théories extrêmes, une sorte d'opinion mixte, suivant laquelle les titres conven-

(1) GUYÉTANT, nouv. édit., p. 210.
(2) SALEILLES, p. 91.

tionnels, de même que les titres légaux ou règlementaires, seraient valables et pourraient faire échec à la règle générale de l'art. 105.

. Il est évident tout d'abord que, de la brièveté du législateur, on ne peut pas conclure à son intention d'exclure de la restriction les titres conventionnels. L'expression de titre contraire a, en effet, une portée tout à fait générale ; aucun auteur ne l'a nié et si presque tous rejettent les titres conventionnels, c'est exclusivement parce qu'ils croient impossible en pratique l'existence d'un titre semblable pour règlementer le partage de l'affouage.

Mais on rencontre très bien des titres conventionnels valables même à l'égard des successeurs des contractants. Ce n'est pas que j'admette entièrement l'opinion de Guyétant, car l'exemple qu'il donne ne me semble guère péremptoire. En effet, un titre nul à l'origine ne peut devenir valable par le long usage ; il y aurait seulement là non pas un titre, mais une de ces coutumes devant lesquelles le législateur de 1827 s'inclinait et qui ont disparu avec la nouvelle règlementation de 1883.

Mais il est un titre conventionnel, valable dès l'origine et auquel les auteurs n'ont généralement point songé : c'est la Charte de concessions de droits ou usages forestiers (1).

Après la Révolution communale du Moyen-Age, les seigneurs, dans la crainte de voir les alentours de leurs châteaux abandonnés, firent aux communautés de grandes concessions de terres ou de forêts. Souvent, redoutant qu'une mauvaise administration ruinât le pays, ils ajoutaient comme condition que la nouvelle commune adoptât

(1) SALEILLES, p. 84.

un mode de répartition particulier des bois communaux.
Et il arrivait toujours que les anciens serfs devenus libres,
pressés de jouir de leurs biens, adoptaient la condition
sans discuter. Ces chartes étaient bien des titres conventionnels qui constituaient un droit acquis pour les habitants admis au partage et surtout pour la commune, car
ces titres correspondaient à l'acquisition même de la propriété communale. Et quand un titre de cette origine était
corroboré par un usage constant, le législateur pouvait et
devait même le respecter.

D'autre part, il me semble que rien ne s'oppose à l'admission des titres légaux ou règlementaires. L'abrogation
qui résulte de la loi du 30 Ventôse An XII et de l'art. 218
du Code forestier ne peut évidemment pas s'appliquer
dans une matière où le législateur réserve expressément
les titres anciens. La reconnaissance de cette validité
n'aboutit pas d'ailleurs, comme le dit Guyétant, à rendre
illusoire le principe de l'art. 105.

Car, ainsi que nous le verrons, sont valables les titres
seuls qui n'ont jamais été abrogés par une pratique contraire à celles qu'ils reconnaissent.

Enfin, quant aux édits règlementaires, de ce que l'édit
de 1766 est un titre conventionnel et de ce que celui de
1754 n'a peut-être, suivant M. Charles Guyot, jamais été
appliqué, il n'en faut pas conclure que tous les édits
anciens sont nuls et, si l'un de ces édits avait donné naissance à une pratique uniformément suivie, il ne pouvait
être dans la pensée du législateur d'en nier indistinctement
la validité.

Sous le mot titre contraire, on devra donc comprendre
tous les titres qui ont pour objet de régler la distribution
de l'affouage d'une manière différente de l'art. 105, sans

distinguer si ces titres sont conventionnels, légaux ou règlementaires.

C'était déjà l'opinion de M. Lelut en 1851. Déterminant à quels titres le législateur a fait allusion, il disait : « Ce sont d'abord et plus anciennement des chartes seigneuriales, des titres de propriété de communes, titres dans lesquels se trouve en même temps exprimée la manière dont se fera la distribution de l'affouage. Ce sont ensuite des titres, des actes qui, rappelant tout simplement une propriété, une possession depuis longtemps constatée, ont pour objet de régler cette distribution. Ce sont enfin des édits, des ordonnances de l'autorité souveraine ou de ses délégués, ordonnances royales ou grand-ducales, édits de gouverneur d'une province, ratifiés par le souverain, arrêts de parlement, arrêts de la Chambre souveraine des eaux et forêts » (1).

Il est certain qu'il ne peut s'agir que de titres antérieurs à la Révolution, car, depuis le jour où ont été rendues les lois ordonnant que la répartition des affouages se ferait d'une façon uniforme, il est évident qu'il n'a pu intervenir de titres prescrivant un mode particulier de distribution, car un tel acte, contraire à une disposition formelle de la loi, se serait trouvé nul de plein droit (2).

De plus, les décisions particulières qu'on pourrait trouver dans les recueils ou dans les archives des communes ne sont pas non plus des titres, parce qu'elles ont eu pour but uniquement d'assurer l'exécution des règles alors en vigueur et n'ont d'autres effets que ceux des jugements,

(1) Lelut, p. 47.
(2) Larzillière, p. 169-170. — V. L., 21 juin 1793, sect. II, art. 15.

c'est-à-dire de contraindre à l'exécution d'une loi ou d'un décret (1). La délibération d'un Conseil municipal ne pourrait d'ailleurs établir un usage contraire au partage légal par feu.

SECTION III.

A quelles conditions et dans quelle mesure les Titres sont obligatoires.

Pour que le titre contraire puisse être la règle du partage de l'affouage, il faut qu'il soit revêtu, soit intrinsèquement, soit extérieurement, de toutes les formes qui servent à assurer l'existence des actes publics, c'est-à-dire que les titres doivent être valables au fond et représentés en forme, soit en minutes, soit en expéditions revêtues des caractères nécessaires pour assurer leur authenticité. Les art. 1334 et suivants du Code civil ont tracé à cet égard des règles qui doivent, d'après les auteurs, recevoir ici leur application.

Suivant Meaume, on ne doit pas cependant se montrer trop rigoureux sur la forme des copies, lorsqu'elles sont anciennes. Ainsi, cet auteur estime que la transcription d'un titre sur les registres de la commune doit être considérée comme une copie suffisante et non pas comme un simple commencement de preuve par écrit. Toutefois, l'insertion d'un titre dans un recueil imprimé, quelque

(1) MIGNERET, p. 123-124.

ancien que puisse être ce recueil et quelque respectables
que soient l'autorité et l'érudition de son auteur, ne peut
dispenser de la représentation d'une copie plus régulière.
Ce point a été jugé relativement à l'*Alsatia Diplomatica*,
de Schœpplin, par un arrêt de la Cour de Colmar du 30
mars 1832 (1).

Enfin, un titre contraire valable ne devra être considéré
comme faisant échec au principe du partage par feu que
si, au moment de la promulgation de la loi de 1883, il était
exécuté sans contestation.

En disant, en effet, « s'il n'y a titre contraire », il est
évident que le législateur n'a voulu parler que des titres
en vigueur et non de ceux qui, n'étant plus appliqués,
devaient être considérés comme abolis.

Car, ce qui fait la force d'un titre, c'est non seulement
sa validité, mais encore son application pratique, démontrant que ce titre était conforme aux mœurs et à la volonté
générale.

Mais, d'autre part, on ne doit pas considérer un titre
valable et observé comme une règle inflexible à laquelle
on ne pourrait se soustraire. Une commune qui, même depuis 1883, a observé un titre contraire, a toujours la faculté
de l'abandonner pour rentrer dans la règle de la distribution par feu. Ce mode est, en effet, le seul conforme au
vœu de la loi et le législateur n'a permis d'y déroger qu'à
titre de tolérance (2).

Les habitants ne pourraient pas prétendre que le titre
constituait à leur profit un droit acquis et que le chan-

(1) MEAUME, II, p. 772.

(2) Sic : LARZILLIÈRE, p. 174. MIGNERET, n°s 109 et suiv. MEAUME,
II, n° 515.

gement de mode de partage les blesse dans leur participation à la jouissance; car il ne faut pas confondre
le droit à l'affouage, qui ne peut être anéanti, avec l'émo-
lument ou exercice de ce droit, qui, pour l'affouage,
comme pour les autres biens communaux, peut être
modifié.

Toutefois, il faut remarquer que l'on ne doit pas appliquer en notre hypothèse le principe suivant lequel le
Conseil municipal règlemente, d'une manière générale et
sans avoir besoin d'autorisation, la distribution entre les
habitants des bois coupés à titre d'affouage (L. 5 avr. 1884,
art. 61 et 68 combinés).

De tout temps, en effet, il a été admis que si, en matière
d'affouage, la délibération du Conseil municipal contreve-
nait à des titres anciens tels que chartes, édits ou règlements, l'intervention du Gouvernement est nécessaire pour
rapporter les règlements établis par les ordonnances ou les
édits anciens.

L'autorisation, qui, primitivement, ne pouvait être
donnée que par le chef du pouvoir exécutif (décret du
9 brumaire an XIII), est aujourd'hui accordée par les
préfets, en exécution du décret du 13 avril 1861, art. 1er,
tableau A, no 47, et sans distinguer la nature de l'acte
primitif (1).

Il est incontestable (et cela ne se discute pas, puisqu'il
ne peut plus se former de titres nouveaux depuis 1789),
que les municipalités, si elles abandonnent un titre suivi
jusqu'alors, ne peuvent établir, à leur gré, un mode va-
riable de distribution et qu'elles doivent se soumettre, sans

(1) Cs. Bequet, *Dictionnaire de droit administratif. Verbo:*
Communes, T. VI, no 2274, p. 156.

y apporter aucune modification, à la règle de l'art. 105 du
Code forestier (1).

Reste à préciser une dernière question : Une commune
qui, postérieurement à 1883, s'est d'abord conformée au
mode de partage spécial prescrit par un titre valable, puis
qui a délaissé cette pratique pour adopter le partage par
feu, a-t-elle ensuite le droit de revenir à l'ancien état de
choses et de se conformer de nouveau à la règlementation
du titre contraire ?

Je crois qu'il faut répondre négativement. En effet, une
fois rentrée dans le mode légal, rien n'autorise la commune à en sortir. Si le législateur, en 1883, a donné aux
municipalités la faculté de suivre leurs anciens modes de
distribution, lorsqu'ils s'appuyaient sur des titres valables
et certains, c'est qu'il n'a point voulu violer lui-même, ni
laisser brisées, malgré le vœu des populations, certaines
habitudes que l'autorité supérieure ou les circonstances
locales pouvaient justifier. Mais, quand les intéressés ont
demandé de leur plein gré à ce que la règle générale fut
appliquée, les mêmes motifs n'existent plus et cette règle
doit continuer à recevoir son application.

C'est la solution qui, avant 1883, avait été unanimement
adoptée pour les usages conservés en 1827 (2).

(1) Ainsi jugé pour les usages : Conseil d'Etat, 19 oct. 1835, 14
févr. 1839.
(2) Cs. MIGNERET, n° 117. LARZILLIÈRE, p. 175.

CHAPITRE IV

Des recours contentieux en matière d'affouage

———

Les premières décisions rendues en matière d'affouage consacraient la compétence exclusive des Tribunaux administratifs (Conseil d'Etat, 22 juin 1811). Cette jurisprudence se fondait sur ce principe que l'administration étant chargée de dresser les rôles de répartition entre les habitants des communes pour leur droit d'affouage dans les bois communaux, devait juger aussi, par conséquent, toutes les réclamations auxquelles ces rôles peuvent donner lieu.

Si cette proposition était vraie dans sa généralité absolue, la compétence sur le contentieux en matière d'affouage serait clairement et facilement établie; mais, en pratique, des conflits ont été fréquemment soulevés, et aujourd'hui encore, il existe sur certains points une lutte très vive entre les juges civils et les juges administratifs.

Sans entrer dans tous les détails, je vais essayer seulement d'étudier les côtés les plus intéressants de cette discussion, et m'inspirant principalement de la jurisprudence actuelle, je diviserai ce chapitre en trois sections.

D'une manière générale, en effet, les contestations relatives au mode de jouissance sont de la compétence des Tribunaux administratifs ; on admet ordinairement, d'autre part, que les Tribunaux judiciaires peuvent seuls apprécier les questions portant sur le droit général à l'affouage ; mais la détermination de l'autorité compétente pour régler les discussions relatives aux qualités de chef de famille ou de domicilié a soulevé en doctrine et en jurisprudence de telles controverses, qu'il m'a paru utile de l'étudier séparément.

SECTION I

Des Contestations relatives au mode de partage

Les contestations qui s'élèvent sur le mode de partage sont de la compétence des Tribunaux administratifs. La connaissance des difficultés de cette nature a été, en effet, attribuée à la juridiction administrative par des textes spéciaux. La loi du 10 juin 1793 avait posé en principe que les contestations ayant pour objet le mode de partage des biens communaux ou portant sur la manière d'exécuter ces partages, doivent être soumises aux Directoires de département, qui sont aujourd'hui représentés par les Conseils de préfecture, pour statuer comme eux sur le contentieux administratif.

Or, ainsi que le faisait remarquer Proudhon : « Les assiettes exploitées dans les forêts communales sont certainement des biens communaux ; donc, toutes les contestations qui peuvent s'élever entre les habitants sur le mode de partage de ces assiettes doivent être portées en premier ressort, au Conseil de préfecture » (1).

Il est vrai que certains auteurs, et notamment Guyétant (2), s'appuyant sur le texte même que je viens de citer, ont fait remarquer que la loi de 1793 était étrangère aux bois communaux, et par conséquent qu'il était impossible de l'appliquer à l'affouage. Sans aucun doute, on devrait s'incliner devant cette argumentation, si l'on n'avait pour se guider que le seul texte de la loi ; mais le législateur a lui-même indiqué, par deux décrets subséquents, quelle avait été son intention : « Appelée à statuer sur le partage du bois gisant dans les coupes au mois de nivôse an II, la Convention nationale décida, par un décret du 26 dudit mois, que ce partage devait être fait conformément à la loi de 1793, et le 28 du mois de ventôse suivant, saisie d'une pétition présentée sur le même objet par les officiers municipaux de la Neuville-en-Hez, elle déclara que le décret du 26 nivôse n'avait fait que confirmer les dispositions de la loi du 10 juin 1793. On ne saurait donc douter que la loi de 1793 doive s'appliquer au partage des affouages, en tant qu'il n'y a pas été formellement dérogé, et que, par conséquent, la connaissance des difficultés élevées à propos de ce partage appartienne aux Conseils de préfecture (3).

D'ailleurs, la compétence administrative, à propos des opérations se rattachant au mode de partage, n'a jamais été sérieusement discutée. Dès l'an II, un arrêt de cassation (12 germinal) avait décidé que c'est à la seule auto-

(1) PROUDHON, *Traité de l'usufruit*, VII, n° 3272.
(2) GUYÉTANT, anc. édit., p. 552.
(3) LARZILLIÈRE, p. 184.

rité administrative qu'il appartient de statuer sur les distributions d'affouage, et cette règle a été depuis formulée
dans un grand nombre de décisions.

C'est ainsi qu'il a été jugé que c'est à l'autorité administrative qu'il appartient de connaître de la question de
savoir si une commune a pu substituer à la distribution en
nature des coupes affouagères leur vente entière au profit
de la caisse communale (1).

Il en serait de même si la discussion s'élevait à propos
du prélèvement communal ou de la vente avant tout partage d'une portion plus ou moins grande des coupes affouagères au profit de la caisse communale. En effet, les besoins que ces mesures ont pour but de satisfaire peuvent
être étrangers à quelques affouagistes, tandis que les
autres ne sont intéressés à y pourvoir que d'une manière
proportionnelle. La réclamation élevée alors par les habitants qui se prétendent lésés devra être portée devant le
Tribunal administratif, car elle est fondée sur des faits
administratifs blessant le droit que possèdent ces habitants à l'intégralité des produits affouagers.

Cette règle est ordinairement adoptée, lorsque la contestation ne soulève qu'un droit individuel et qu'elle ne
s'attaque qu'à une délibération rendue conformément au
droit et aux règles de la matière.

L'opinion contraire a été, il est vrai, soutenue par
Curasson (2), par ce motif que le réclamant étant alors,
comme tous les autres habitants, un véritable usager, doit
tomber sous l'application de la loi du 10 juin 1793
(sect. 5, art. 3), qui attribuait aux arbitres forcés, aujour-

(1) Trib. conflits, 5 déc. 1850. S. 51, 3, 23.
(2) CURASSON, I, p. 495 et 499.

d'hui remplacés par les Tribunaux judiciaires, la connaissance des procès soulevés contre la commune et les propriétaires, à raison des biens patrimoniaux pour droits, usages, etc.

Mais, dans notre système, cette objection n'a aucune valeur. L'affouage communal, nous l'avons vu, n'est pas un droit d'usage, mais un droit spécial de jouissance appartenant aux habitants d'une commune sur les produits de la forêt communale.

Dès lors, si cette jouissance est supprimée ou restreinte par une opération purement administrative, il est juste et naturel que la réclamation qui s'élève à cette occasion soit portée devant la juridiction administrative.

La discussion devient beaucoup plus importante, lorsque la réclamation porte sur ce fait que la délibération du Conseil municipal aurait réglé pour l'avenir le mode de distribution de l'affouage, au mépris d'anciennes prérogatives. Je suppose, par exemple, que le Conseil municipal d'une commune décide que, désormais, le partage de l'affouage se fera par feu, conformément à l'art. 105 du Code forestier, au lieu de s'effectuer suivant un titre contraire jusque là respecté. Les habitants, que cette nouvelle répartition peut léser, veulent appeler de cette décision. A qui doivent-ils s'adresser?

Un premier système part du principe que les modifications au mode de distribution de l'affouage ne constituent que des mesures d'intérêt communal qui ne sont pas susceptibles d'un recours par la voie contentieuse. C'est l'opinion de Serrigny (1).

(1) SERRIGNY, *Compétence administrative*, II, nᵒˢ 1059 et suiv. *Revue critique*, I, p. 178.

Suivant cet auteur, la réclamation formée à cette fin par plusieurs ou même par un seul des habitants, profite, si elle réussit, à tous ceux qui sont dans la même situation que lui, d'où il suit qu'elle soulève un intérêt général et non pas de simples intérêts ou droits individuels qui seuls peuvent être l'objet du recours par la voie contentieuse.

Mais il est indéniable que le Conseil municipal, par une délibération semblable, ne règle pas seulement les intérêts généraux de la commune; il s'expose à blesser des droits et des intérêts particuliers, et par conséquent, toutes les fois qu'un ou plusieurs habitants, se prétendant lésés, réclameront contre la modification, la contestation devra être portée devant les Tribunaux.

Une deuxième opinion, tout en reconnaissant la compétence contentieuse, puisque la prétention des habitants est fondée sur un droit acquis, soutient que les Tribunaux judiciaires peuvent seuls connaître de ces sortes de réclamations. C'est la doctrine de Meaume (1), de Migneret, de Guyétant, qui, de plus, a été longtemps consacrée par la jurisprudence. Je me contente de rappeler les arrêts du Conseil d'Etat du 7 janvier 1837, du 14 juillet 1838, les arrêts de Cassation du 13 février 1844 et du 19 avril 1847.

Ce second système doit encore être rejeté. En vain, pour le défendre, soutiendrait-on que la décision qui infirme un titre préexistant porte atteinte à un droit de propriété, et que les questions de propriété sont du domaine des Tribunaux civils. L'acte qui règle la répartition et le mode de partage des affouages est, avant tout, un acte administratif, et les débats qu'il soulève ne peuvent être portés,

---

(1) MEAUME, II, n⁰ˢ 843, 844. MIGNERET, n° 188, p. 282. GUYÉTANT, anc. édit., n° 263.

par conséquent, que devant une autorité administrative.
Aujourd'hui, c'est la compétence administrative qui, déjà
reconnue par le Tribunal des conflits en 1850 (1), paraît
avoir définitivement triomphé.

La jurisprudence reconnaît, en effet, que la répartition
des affouages est un acte administratif, qui ne peut être in-
terprêté que par l'autorité administrative, lorsqu'il présente de l'ambiguité, à condition, bien entendu, que la
difficulté porte sur l'ensemble de l'opération et sur le mode
suivant lequel il y a été procédé.

Les Tribunaux civils, saisis de la difficulté, devront sur-
seoir à statuer jusqu'après l'interprétation par l'autorité
administrative, sinon ils méconnaîtraient le principe de
la séparation des pouvoirs et violeraient la loi du 16 fruc-
tidor an III (2).

Une dernière question reste enfin à résoudre à propos
du partage : c'est celle de savoir devant quelle juridiction
devront être portées les réclamations relatives à la répartition des taxes affouagères.

En effet, le paiement de la taxe ne constitue pas, comme
l'ont cru certains auteurs, une condition nécessaire pour
avoir droit à l'affouage, la condition de paiement n'influe
jamais sur le droit lui-même et n'a trait qu'au partage.

Quelques auteurs, s'inspirant du principe suivant lequel
l'établissement de la taxe est un acte d'administration
pure, qui ne peut faire l'objet d'aucun recours contentieux,
ont pensé qu'il devait en être de même de la répartition de
cette taxe.

_____

(1) Trib. conflits, 5 déc. 1850. S. 51, 2, 294.
(2) Cass., 5 avr. 1865. Bul. cass. civ. 1865, p. 108. Conseil d'Etat,
27 févr. 1862. LEBON, p. 140.

L'obligation de payer la taxe, disent-ils, est corrélative du lot d'affouage. Or, avant l'enlèvement, l'habitant n'ayant aucune obligation personnelle à remplir et pouvant abandonner le lot pour ne pas payer, ne saurait assimiler cette charge à un impôt. Après l'enlèvement, il ne saurait se plaindre d'une dette qu'il a volontairement contractée en prenant le bois qui lui était destiné à condition de le payer.

Cette opinion, défendue par Meaume et Migneret, a été consacrée par une circulaire du ministre de l'intérieur, en date du 10 janvier 1839 (1).

La théorie contraire a pourtant triomphé, tant en doctrine qu'en jurisprudence, et c'est à juste titre. En effet, ainsi que l'a fait remarquer Guyétant (2), il n'est pas plus loisible à l'affouagiste d'abandonner son lot pour se soustraire au paiement de sa cotisation qu'il ne lui est facultatif d'abandonner ses propriétés ordinaires pour se dispenser d'en acquitter les impôts; d'autre part, il ne peut être indifférent pour l'habitant d'obtenir une portion d'affouage moyennant le sixième de sa valeur, par exemple, ou de l'abandonner pour se soustraire au paiement d'une surtaxe » (3). Il y aura donc lieu à recours contentieux si la répartition faite par le Conseil municipal n'est pas proportionnelle, si le chiffre exigé de l'habitant n'est pas conforme à celui porté sur le rôle d'affouage et dans toutes les autres circonstances semblables.

Enfin, les Tribunaux administratifs seront seuls com-

(1) *Bulletin officiel du ministère de l'intérieur*, 1839, p. 9. MIGNERET, nᵒ 38, p. 58.

(2) GUYÉTANT, anc. édit., p. 294.

(3) GUYÉTANT, anc. édit., p. 293 et suiv.

, pétents pour connaitre de ces sortes de réclamations : « Il
est certain, a dit Serrigny (1), que le recours d'un habitant
contre une taxe communale constitue un débat d'une
nature contentieuse, l'acte qui doit le terminer tient *magis
juridictionis quam imperii.* Il s'agit d'appliquer un rôle
arrêté par le préfet; c'est donc le Conseil de préfecture qui
doit être compétent. Pourquoi en serait-il autrement qu'à
l'égard des taxes pour curage de rivières ou pour chemins
vicinaux ? Quelle serait, d'ailleurs, l'autorité qui pourrait
prononcer sur cette réclamation, si ce n'était le Conseil de
préfecture? La jurisprudence du Conseil d'Etat est cons-
tante en faveur de la compétence des Conseils de préfecture pour prononcer sur les réclamations contre les taxes
assimilées. Donc, il doit en être de même des autres taxes
comprises dans l'article 44 de la loi du 18 juillet 1837
(aujourd'hui, L. 5 avril 1884, art. 140) ».

Ces principes, si clairement exprimés, ont été consacrés
par la jurisprudence. Je me borne à citer, au milieu de tant
d'autres décisions, trois arrêts du Conseil d'Etat : l'un
du 8 mars 1847, suivant lequel c'est au Conseil de préfecture à statuer sur les demandes en décharge ou en réduction de taxes (2), un autre du 18 juillet 1886, par lequel fut
rejeté le recours formé par un habitant et concluant à l'an-
nulation d'un arrêté préfectoral homologuant le rôle des
taxes affouagères de la commune. Le Conseil d'Etat s'ap-
puyait sur ce motif que si le demandeur se croyait fondé à
soutenir que la taxe affouagère, à laquelle il avait été assujetti, était exagérée, c'est devant le Conseil de préfecture
et sous forme de demande en réduction qu'il aurait pu seu-

---

(1) Serrigny, *Compétence administrative,* I, 502.
(2) S. 47, 2, 372.

lement présenter sa réclamation (1); enfin, un dernier arrêt plus récent du 8 avril 1892 (2), qui décide que le Conseil de préfecture est compétent, sauf appel au Conseil d'Etat, pour connaître d'une demande en réduction de taxes d'affouage.

SECTION II

Des contestations relatives à la qualité de membre de la communauté affouagère

Cette section sera consacrée à l'examen des contestations qui, d'une manière générale, peuvent s'élever sur le droit à l'affouage. J'en excepterai cependant les réclamations relatives aux qualités de chef de famille ou de domicilié, dont l'étude fera, ainsi que je l'ai dit, l'objet d'une section spéciale. Je me contenterai donc de rechercher quels sont les Tribunaux compétents pour apprécier les contestations relatives aux titres particuliers, aux discussious que font naître les réunions ou les distractions de communes, enfin aux droits de l'étranger.

I

Les titres particuliers dont je m'occupe tout d'abord doivent être distingués avec soin des titres de jouissance

(1) LEBON, Rec. gén., p. 616.
(2) *Pand. franç.* Rep. 94, IV, 41.

collective, communale, auxquels l'art. 105 fait allusion et que j'ai étudiés dans un chapitre spécial. Ici, en effet, il s'agit de droits individuels, exprimés dans des titres également individuels, par exemple le droit, afférent à telle propriété particulière, de prendre dans une forêt désormais communale une quantité déterminée de bois propres à faire des échalas.

Evidemment, ces titres, ces droits particuliers, n'ont aucune influence sur le mode général de répartition de l'affouage; ils sont entièrement en dehors du règlement de cette distribution. Ils sont simplement la conséquence d'une convention particulière, d'un contrat particulier intervenu, par exemple, entre tel individu et le seigneur ou la communauté propriétaire de la forêt, avant qu'elle devînt communale, et les termes de ce contrat, de cette concession sont exécutoires d'après les principes du droit commun » (1).

Si, à propos de l'application de ces titres, il s'élève en pratique une discussion, comme il s'agit uniquement d'une question de propriété ou de jouissance particulière, les Tribunaux civils seront seuls compétents pour en connaître.

C'est l'opinion uniformément admise et dont la jurisprudence a fait de nombreuses applications. En ce sens, la Cour de Cassation a décidé, par un arrêt du 1er décembre 1834 (2), que s'il appartient aux Conseils de préfecture d'apprécier les difficultés relatives au mode de partage des bois des communes et de prononcer

(1) LELUT, p. 46, 47. C'est l'opinion de CURASSON, de MEAUME et de MIGNERET.

(2) S. 35, 1, 378.

sur les questions qui se rattachent au mode de jouissance des biens communaux, c'est aux Tribunaux
civils comme seuls compétents pour connaître des questions de propriété, à apprécier les titres privés sur lesquels reposent les contestations existantes entre des
particuliers d'une part, et des communes de l'autre,
relativement au droit d'affouage dans les bois communaux.

La même théorie a été de nouveau consacrée par un
arrêt relativement plus récent du 18 juillet 1861 (1), d'après
lequel les Tribunaux civils, compétents pour statuer sur
toutes les questions de propriété, peuvent seuls connaître
des contestations qui ont pour objet l'existence même du
droit d'affouage réclamé par quelques habitants d'une
commune. La juridiction civile devrait également connaître de la demande formée contre une commune par l'un
de ses habitants à l'effet de faire déterminer d'après le
droit commun et par l'application d'actes administratifs
mal contestés, l'étendue des droits de ces habitants à l'affouage (2). Il est même admis que le juge saisi d'une telle
demande ne viole pas la séparation des pouvoirs en ordonnant une expertise, alors qu'il permet aux experts de se
renfermer dans la stricte exécution des actes administratifs (3).

Enfin, d'une manière générale, les Tribunaux judiciaires
auront seuls à apprécier si les titres invoqués par un particulier sont valables, s'ils n'ont pas été l'objet d'une renon-
ciation formelle ou implicite, s'ils ont été modifiés par des
conventions postérieures ; ils détermineront comment ces

(1) S. 62, 1, 886.
(2-3) Cass. 24 mai 1869. S. 70, 1, 212.

titres seront interprétés ou de quelle manière ils seront exécutés (1).

La jurisprudence administrative a fait, de son côté, de nombreuses applications des mêmes principes. Un arrêt du Conseil d'Etat du 21 décembre 1850 a décidé que c'est à l'autorité judiciaire seule qu'il appartient de statuer sur des questions d'appréciation de titres particuliers d'où l'on prétend faire dériver le droit à l'affouage, par exemple, de la question de savoir si un habitant a droit, en vertu d'une jouissance plus ou moins prolongée, à une double portion dans l'affouage dans la commune (2).

Déjà, bien antérieurement, le Conseil d'Etat avait, en 1825, disposé que, s'il s'agit de statuer sur l'exception d'une commune, résultant d'aucuns actes dont l'application n'appartient qu'aux Tribunaux, l'arrêté du Conseil de préfecture doit être annulé pour cause d'incompétence (3).

II

Les mêmes principes devront être suivis lorsqu'il s'agira de régler des contestations élevées entre des communes et des sections de communes. La jurisprudence est, en effet, unanime sur ce point que, s'il s'élève une discussion entre une commune et une section au sujet de l'existence de cette section ou sur le point de savoir si une collection de propriétaires qui prétend avoir des droits communs constitue une communauté, les Tribunaux civils sont seuls

(1) Guyétant, nouv. édit., p. 272 et suiv.
(2) S. 51, 2, 292.
(3) Conseil d'Etat, 10 août 1825. Lebon, III, p. 622.

compétents. On peut consulter en ce sens deux arrêts de Cassation du 16 avril 1859 (1) et un arrêt du Conseil d'Etat du 9 août 1851 (2).

Il est certain enfin qu'il faut admettre la même opinion lorsque la difficulté porte sur le point de savoir quels sont, à l'égard des droits respectifs de la commune et de la section, les effets des actes du pouvoir exécutif ou législatif qui ont divisé les communes : « On pourrait penser, a dit M. Aucoc (3), que, en vertu du principe de la séparation du pouvoir judiciaire et du pouvoir administratif, c'est à l'administration seule qu'il appartient de reconnaître et de déclarer, en cas de contestation, le sens et la portée des actes du chef de l'Etat qui modifient la circonscription territoriale des communes et qu'il en est de même pour les lois qui prononcent des actes de cette nature, parce que ces lois, qui n'ont qu'un intérêt local et en quelque sorte individuel, sont plutôt des actes d'administration soumis au contrôle du pouvoir législatif que de véritables actes du législateur.... » Mais, ajoute-t-il plus loin : « S'il en était ainsi, si l'on pouvait, sous prétexte de demander l'interprétation de la loi ou du décret qui aurait modifié la circonscription d'une commune, en réservant, conformément à la loi, les droits d'usage ou autres respectivement acquis, mettre en question devant la juridiction administrative les droits de propriété ou d'usage des communes réunies ou des fractions de communes séparées, on arriverait à donner à l'administration le pouvoir de trancher les questions que la loi a expressément

(1) S. 59, 1, 678.
(2) V. P. adm. chr.
(3) Aucoc, p. 337 et suiv.

voulu maintenir dans le domaine de l'autorité judiciaire. »

D'ailleurs, la jurisprudence admet presque uniformément le sens que j'ai présenté. Car, en face d'une
décision isolée, qui ne pose formellement aucun principe (1), on peut citer en notre faveur une multitude
d'arrêts de la Cour de cassation et des Cours d'appel (2).

On s'est pourtant demandé si cette théorie indubitable
après 1837, pouvait encore être admise aujourd'hui. Le
motif de douter viendrait de ce que la loi de 1884 ne
réserve plus les questions de propriété. Mais le rapporteur
du Sénat a déclaré expressément que si la propriété ou la
jouissance de tel ou tel bien était revendiquée par une
section à l'encontre de la commune ; si, par exemple, la
section que l'on veut distraire d'une commune se prétend
propriétaire exclusive d'un bois que la commune revendique, au contraire, comme bien communal ou parce
qu'elle en est seule usagère, ces questions litigieuses sont
et demeurent de la compétence exclusive des Tribunaux,
sans qu'il soit nécessaire de s'en expliquer dans le texte de
la loi » (3).

Il faut séparer avec soin de ces hypothèses les cas où la
section se plaindrait seulement de ce que ses intérêts ont
été méconnus. Elle ne pourrait alors que réclamer auprès
du Préfet, puis du Ministre pour obtenir qu'ils fussent respectés ; aucun recours contentieux ne serait possible, et si
la section croyait que les délibérations du Conseil municipal de la commune eussent été illégalement rendues, elle

(1) Conseil d'Etat, 7 févr. 1848. P. adm. chr.
(2) V. Aucoc, p. 328.
(3) Séance du 5 févr. 1884.

pourrait, après avoir épuisé les recours administratifs, déférer au Conseil d'Etat pour excès de pouvoir les actes administratifs qui la lient. Il ne s'agit, en effet, dans ces hypothèses, que d'apprécier une mesure d'administration (1).

III

Il reste enfin à déterminer les principes suivant lesquels on devra apprécier la réclamation d'un étranger qui prétend participer au partage de l'affouage. Le Conseil d'Etat avait d'abord décidé que l'autorité administrative était seule compétente.

Ce ne fut qu'en 1850 que le Tribunal des conflits reconnut (2), au contraire, que c'est aux Tribunaux judiciaires de décider si un habitant a droit à l'affouage, quoiqu'il soit étranger non naturalisé.

Aujourd'hui, la difficulté ne peut plus exister sur ce point, puisque la loi du 25 juin 1874 (reproduite en 1883) décide que l'étranger remplissant les conditions générales de capacité imposées à tout prétendant à l'affouage, ne pourra être appelé au partage qu'après avoir été autorisé à établir son domicile en France.

La discussion ne peut porter, par conséquent, que sur le point de savoir si le réclamant est étranger ou Français, ou encore si une autorisation tacite suffira, comme on l'admet dans des matières différentes.

Dans le premier cas, le Conseil d'Etat a depuis long-

(1) Aucoc, p. 204. Serrigny, op. cit., II, 1062.
(2) Trib. conflits, 12 juin 1850. S. 51, II, 292.

temps décidé que les Tribunaux judiciaires pouvaient seuls prononcer (1).

Sur le second point, les auteurs en général ne croient pas, surtout en présence des observations faites par le rapporteur de la loi de 1874, qu'une autorisation tacite puisse, en matière d'acquisition du droit à l'affouage, être assimilée à une autorisation expresse. Néanmoins, au cas où la question de savoir s'il peut être suppléé à l'autorisation expresse s'élèverait, ce serait aux Tribunaux de l'ordre judiciaire qu'il appartiendrait de la trancher, et en outre, de décider, au cas où l'affirmative serait admise, si, en fait, les circonstances sont de nature à permettre de considérer l'étranger comme tacitement autorisé à fixer son domicile en France (2). .

SECTION III

Des Contestations relatives aux qualités de « Chef de famille » ou de « Domicilié »

La question que j'aborde est, sans contredit, l'une de celles qui, en notre matière, ont suscité et suscitent encore aujourd'hui le plus de controverses. Elle a été examinée avec soin par les auteurs, et les auteurs, s'appuyant parfois sur les mêmes arguments, lui ont donné une solution

(1) Conseil d'Etat, 30 mars 1846. S. 46, II, 408.
(2) Cs. *Pand. franç.*, Rec. nos 559, 560.

totalement différente ; elle s'est présentée souvent en jurisprudence, et la jurisprudence, parfois hésitante, s'est mise
souvent en contradiction avec elle-même.

Il faut bien reconnaître d'ailleurs, avec M. Laferrière,
que cette question est très délicate et qu'elle demande à
être examinée avec une attention toute particulière.

Afin de l'étudier avec clarté, je diviserai cette section en
deux paragraphes : je résumerai d'abord brièvement l'histoire des diverses variations de la jurisprudence sur ce
point ; je rechercherai ensuite comment la difficulté doit
être résolue.

I

Tout d'abord, l'autorité administrative qui, comme je l'ai
déjà dit, s'était emparée de toutes les questions concernant
l'affouage, s'était déclarée compétente pour statuer sur
toutes les discussions relatives aux qualités de chef de
famille ou de domicilié. Puis, devant la résistance à peu
près unanime des Cours d'appel, le Conseil d'Etat avait
admis la compétence judiciaire par des arrêts des 21
décembre 1825, 27 août 1833, 31 janvier 1834.

C'est à propos de la qualité de domicilié que furent prises
ces premières décisions dont la doctrine était uniformément admise.

Mais les procès d'affouage se multipliaient outre mesure
et l'administration, qui voyait avec peine la longueur des
débats judiciaires, s'efforça de les soumettre de nouveau
à la juridiction administrative.

Au commencement de 1836, un habitant de la commune
de Beaumont, exclu de l'affouage parce qu'il avait cessé

d'avoir dans la commune un domicile, réclama sans succès devant le Conseil de préfecture de la Moselle, puis se pourvut au Conseil d'Etat. La compétence administrative fut niée alors ; mais cette exception fut repoussée par l'Ordonnance du 16 mars 1836, dans laquelle on lit le passage suivant : « Considérant qu'il ne s'agit pas, dans l'espèce, d'une question de domicile civil, mais d'un droit à des jouissances communales, déterminé par la qualité d'habitant, que dès lors le Conseil de préfecture n'a pas excédé sa compétence ». Cette décision, dont l'argumentation fut, il est vrai, discutée, faisait déjà préjuger l'abandon de la pratique ancienne (1).

Toutefois, le principe nouveau ne reçut d'abord que très peu d'application. Après 1836, le Conseil d'Etat autorisa encore les habitants de plusieurs communes à porter leurs réclamations devant les Tribunaux civils. D'ailleurs, les Cours d'appel étaient réfractaires à la doctrine nouvelle et la Cour de Dijon, notamment, s'était prononcée plusieurs fois contre la compétence administrative (2).

Le revirement complet du Conseil d'Etat n'eut lieu qu'en 1842. La qualité de domicilié ayant été contestée à un habitant de Gurgy-le-Château, celui-ci porta sa réclamation devant l'autorité judiciaire, et un jugement du Tribunal de Châtillon-sur-Seine lui reconnut la qualité d'habitant et le droit à une part d'affouage. Le Préfet de la Côte-d'Or ayant interjeté appel, proposa un déclinatoire que la Cour de Dijon rejeta par un arrêt du 30 déc. 1842.

(1) Cs. MEAUME, II, p. 188. *Journal du Palais,* jurispr. adm. (à sa date).

(2) Dijon, 31 janv. 1839. D. Rep. V. Forêts, n° 1900, 6 janv. 1841, D. P. 45, 1, 142.

Mais l'arrêté de conflit pris par le Préfet fut confirmé par une Ordonnance rendue en Conseil d'Etat à la date du 4 mai 1843 et statuant « que la loi a chargé les Conseils municipaux du règlement des affouages sous le contrôle de l'autorité administrative; que, s'il appartient aux Tribunaux de statuer sur les questions de propriété qui peuvent s'élever à cette occasion, l'autorité administrative est seule compétente pour décider si les prétendants-droit à une part dans les affouages remplissent les conditions de domicile exigées par la loi ou les règlements » (1).

Cette jurisprudence fut consacrée plusieurs fois jusqu'en 1850 (2).

Logiquement, la même solution devait être admise par les discussions qui s'élèvent sur la qualité de chef de famille ou de maison, car la nature des deux conditions est la même. C'est, en effet, la règle que suivit le Conseil d'Etat dans deux arrêts rendus le 4 mai et le 1er juin 1843 (3).

Mais les Tribunaux civils revendiquèrent leurs droits anciens et les Cours d'appel continuèrent à se déclarer compétentes pour juger les contestations relatives aux conditions de domicilié ou de chef de famille (4).

Ils étaient d'ailleurs soutenus dans cette lutte par les auteurs, dont la plupart : Meaume, Migneret, Guyétant, critiquaient le droit que s'était arrogé la juridiction administrative.

(1) S. 43, 2, 356.
(2) Cons. d'Et., 23 juill. 1844. Bull. ann. for., II, p. 327, 7 déc. 1844. D. P. 45, 4, 17.
(3) LEBON, Rec. gén., p. 239.
(4) Dijon, 30 déc. 1842. D. V. Forêts, n° 1900. Nancy, 26 juin, 4 avril 1846. D. P. 46, 2, 238, 240.

Aussi, lorsque le Tribunal des conflits, nouvellement institué, fut appelé à se prononcer à son tour, il fit prévaloir la jurisprudence des Cours d'appel, par une décision du 10 avril 1850 (1). Cette solution fut vivement critiquée par M. Serrigny (2), mais elle fut adoptée par le Conseil d'Etat qui voulut, dit M. Laferrière (3), faire acte de déférence envers le Tribunal des conflits.

Le Conseil modifia donc une deuxième fois sa jurisprudence pour les affouages et pour tous autres modes de jouissance des biens communaux (4). L'admission de la compétence judiciaire pour les contestations s'élevant sur les questions de chef de famille ou de domicilié ne soulève plus de difficultés.

Vers 1860, un nouveau revirement s'affirme peu à peu dans les arrêts du Conseil d'Etat en faveur de la juridiction administrative. Ce changement, manifesté d'abord par les décisions des Conseils de préfecture, fut adopté ensuite par le Conseil d'Etat : « d'abord implicitement et en statuant en appel sur des questions d'aptitude jugées par les Conseils de préfecture, puis explicitement en rejetant le grief d'incompétence relevé contre leurs décisions » (5).

Le revirement ne portait, il est vrai, que sur des jouissances communales autres que l'affouage (6). Mais il a été

(1) D. P. 50, 3, 49.

(2) SERRIGNY, *Jurisprudence en matière d'affouages. Revue critique*, 1851, p. 178 et 482.

(3) LAFERRIÈRE, I, p. 476.

(4) Conseil d'Etat, 21 déc. 1850, 5 avril 1851. D. P. 51, 3, 25 et 33.

(5) LAFERRIÈRE, I, p. 476.

(6) Conseil d'Etat, 27 fév., 31 juillet 1862. LEBON, p. 140, 614, 4 août 1882. LEBON, p. 765, 8 juin 1883. LEBON, 522.

appliqué à l'affouage par un arrêt du Conseil d'Etat du 8 avril 1892 (1).

Cet arrêt décide que le Conseil de préfecture est compétent, sauf appel au Conseil d'Etat, pour connaître d'une demande en réduction de taxes d'affouage, fondée sur ce que le contribuable ayant son habitation dans la commune ne devait être taxé que d'après le tarif imposé auxdits habitants. Cette demande, qui ne constitue qu'une question d'aptitude personnelle du prétendant-droit à la jouissance en nature des biens communaux, ne soulève aucune question préjudicielle rentrant dans la compétence de l'autorité judiciaire.

Il est bien évident que, en statuant au fond sur la requête du demandeur, le Conseil d'Etat a, par cela même, reconnu sa compétence sur les questions d'aptitude personnelle en matière de jouissance affouagère.

Cependant, pas plus qu'en 1843, les Tribunaux civils ne veulent s'incliner devant la nouvelle jurisprudence du Conseil d'Etat. La Cour de Cassation a consacré la compétence judiciaire par deux arrêts, l'un du 19 avril 1880 (2), le second du 25 juillet 1881 (3). Plus récemment, le Tribunal de Bar-sur-Aube a décidé le 5 janvier 1893 (4) que : « bien qu'un individu rayé du rôle d'affouage d'une commune, parce qu'il n'y avait plus son domicile, n'ait pas réclamé par la voie administrative contre sa radiation, il peut toujours saisir la juridiction civile sur l'existence même de son droit à l'affouage, puisque ce droit, aux termes de

(1) *Pand. franç.*, 94, IV, 41.
(2) D. P. 1880, 1, 379.
(3) D. P. 82, 1, 463.
(4) *Pand. franç.*, 94, 2, 100.

l'art. 105 du Code forestier, est subordonné à une question de domicile que la juridiction civile est seule compétente pour trancher. »

Enfin, le 20 juin 1894 (1), le Tribunal de Lure a admis que « l'art. 2 de la section V de la loi du 10 juin 1793 ne confère à l'autorité administrative que la connaissance des contestations qui peuvent s'élever sur le mode de partage des bois communaux et, par cette expression : le mode de partage, le législateur n'a pas entendu soumettre à l'appréciation de l'autorité administrative des questions d'aptitude personnelle, desquelles dérive le droit individuel à l'affouage, questions qui sont de la compétence des Tribunaux civils. »

D'autre part, en doctrines, le désaccord n'est pas moins grand. Curasson, Migneret, Meaume, Larzillière et Guyétant ont soutenu sur ce point la compétence judiciaire ; tandis que le droit des Tribunaux administratifs a été défendu par Proudhon, Serrigny, Martinet et M. Laferrière. Après ces auteurs et en m'inspirant de leurs travaux, je vais essayer d'exposer la théorie qui me semble la plus conforme aux principes et la plus favorable aux affouagistes.

II

Les décisions les plus récentes des Tribunaux judiciaires (Lure, 20 juin 1894) posent en principe que les contestations relatives aux qualités de chef de famille ou de domicilié ont rapport exclusivement au droit au partage et par

(1) V. journal *La Gazette du Palais,* n° du 13 février 1895.

conséquent qu'elles sont en dehors de la compétence administrative qui connait seulement des discussions ayant trait au mode de partage. Mais, dès 1854, Serrigny démontrait que les expressions, à raison du mode de partage, contenues dans l'art. 1er de la section 5 de la loi de 1793, ne pouvaient pas désigner uniquement les modes de partage en lui-même (1). En effet, cette loi avait établi le partage par tête; les usages anciens étaient donc abolis et il ne pouvait plus s'élever aucune difficulté sur la base du partage à suivre. Par conséquent, pour donner un sens à la disposition précitée, il faut admettre que le législateur voulait reconnaitre aux directoires de département une compétence générale pour régler toutes les questions qui pouvaient s'élever à raison du mode de partage, à l'exception seulement de celles qui porteraient sur des titres particulier, sur des droits de jouissance ou de propriété. (Art. 3 et 4, sect. 5, L. 1793).

Nous avons vu d'ailleurs, en parlant des titres contraires, qu'il y a une corrélation très étroite entre le mode de partage adopté par la loi et les qualités de chef de famille ou de domicilié qui seraient nécessairement modifiées par un mode contraire, et que, en tout cas, les conditions d'aptitude dépendent du mode consacré par le législateur.

Aussi les auteurs n'invoquent-ils guère cet argument. Pour justifier la compétence judiciaire, ils s'appuient principalement sur ce fait que, suivant eux, le domicile et la qualité de chef de famille font nécessairement partie de l'état civil de tout affouagiste. Par conséquent, les discus-

(1) SERRIGNY, *Questions de Droit administratif* (Verb. Affouage).

sions qui s'élèvent à leur sujet constituent des questions
d'état qui seront résolues par les Tribunaux civils (1).

Cela est certain, nous l'avons constaté, pour les contestations relatives à la qualité d'étranger (2).

Mais les discussions portant sur la qualité de chef de
famille ou de domicilié ne sont pas plus des questions d'état
que celles qui s'élèvent, par exemple, au sujet des prestations vicinales sur la qualité d'habitant, chef de famille ou
d'établissement, âgé de 18 à 60 ans, exigées par l'art. 3 de
la loi du 21 mai 1836 pour être compris au rôle des prestations. Ce ne sont à la vérité que des questions particulières,
nées de lois spéciales et qu'aucun texte n'a autorisé les
Tribunaux civils à résoudre.

Il est vrai que certains auteurs ont argué du silence que
la loi a gardé sur le règlement de ces contestations pour
dire que les Tribunaux civils, étant les juges de droit
commun, doivent en connaître comme de toutes les matières qui ne sont pas distraites de leur juridiction par une
disposition formelle de la loi.

Mais, comme l'a dit Serrigny (3) : « Cette espèce de
règle peut avoir de l'importance quand il s'agit de déterminer les attributions respectives des Tribunaux civils,
qu'on appelle ordinaires, avec celles d'autres Tribunaux,
également de l'ordre judiciaire, qu'on nomme d'exception,
tels que les Tribunaux de commerce ; mais elle n'a aucune
espèce de portée quand il s'agit de fixer la limite des attributions des Tribunaux civils par rapport à celles des
Conseils de Préfecture, car il serait essentiellement faux

(1) GUYÉTANT, nouv. édit., p. 262.
(2) Conseil d'Etat, 30 mars 1846. S. 46, 2, 408.
(3) SERRIGNY, op. cit. — Verb. Affouage, quest. I.

de dire que l'ordre administratif est une autorité exceptionnelle à l'égard de l'autorité judiciaire, qui serait l'autorité ordinaire, chacune des deux autorités étant parallèle
et tout aussi ordinaire que l'autre. La seule règle à suivre
en pareil cas est donc celle de la séparation des Pouvoirs
et, par suite, il faut s'attacher, en l'absence de texte, à la
nature de la contestation, pour décider si elle rentre dans
le contentieux administratif ou judiciaire. »

Or, les deux conditions qui nous occupent constituent
essentiellement des matières administratives. En effet, la
qualité de chef de famille ou de maison, le feu, le ménage
séparé n'ont jamais été définis par la loi civile : ces cas
d'aptitude ne relèvent que de l'art. 105 du Code forestier,
texte qui constitue un Règlement d'administration communale (1).

D'autre part, on ne peut nier que c'est exclusivement ce
même art. 105, texte administratif, qui impose à tout
affouagiste la qualité de domicilié dans la commune ; de
plus, tous les auteurs reconnaissent au Conseil municipal
le pouvoir d'apprécier si les conditions exigées par les art.
102 et suivants du Code civil se trouvent réunies. Par conséquent, si des discussions s'élèvent sur l'interprétation
de l'art. 105 ou sur la décision du Conseil municipal relativement à la qualité de domicilié, il s'agit bien de réclamations contre une mesure administrative et le Conseil
de Préfecture doit, dès lors, être seul compétent pour en
connaître.

Ainsi, en se conformant strictement aux principes du
droit, on arrive nécessairement à consacrer la compétence
administrative. C'est au même résultat que l'on aboutit en

(1) LAFERRIÈRE, I, p. 476.

recherchant quelle est celle des deux compétences qui est
la plus favorable à la pratique.

Le système consacré par les Tribunaux civils donne fréquemment naissance à l'inconvénient de mettre en mou-
vement deux ordres de juridiction dans des affaires très
simples. Je prends comme exemple la dernière affaire qui
a été portée au Conseil d'Etat (8 avril 1892). Il s'agissait
d'un individu qui demandait au Conseil d'Etat d'annuler
un arrêté du 8 mars 1890, par lequel le Conseil de Préfecture des Alpes-Maritimes avait rejeté sa demande en
réduction de taxe d'affouage de 30 francs, à laquelle il
avait été imposé pour 1889. Le Conseil de Préfecture s'était
appuyé sur ce que le demandeur n'avait pas son domicile
dans la commune de Luceram, dont les habitants, suivant
un règlement municipal, ne paient qu'une taxe de 1 fr. 50;
mais qu'il était véritablement domicilié à Touët-Escarane,
dont les habitants doivent une taxe de 30 francs.

Or, si l'on avait suivi le système de la Cour de Cassation, on serait arrivé à la conclusion suivante : la discussion, étant relative à la répartition de la taxe, aurait dû
être portée devant les Tribunaux administratifs ; mais il
aurait fallu préalablement saisir le Tribunal civil pour
statuer sur la qualité de domicilié, de sorte que, pour un
procès portant à peine sur 30 francs, le demandeur aurait
été forcé d'entreprendre pour ainsi dire deux instances
différentes. Résultat inique en pratique et d'autant plus
déplorable que les réclamants sont, la plupart du temps,
des ouvriers ou des cultivateurs peu aisés, que l'on
réduira souvent à l'impuissance de faire valoir leurs
droits, en multipliant les lenteurs et les frais des incidents
de procédure.

C'est ce qu'avait bien reconnu M. Laferrière, qui, fai-

sant allusion à la décision du Tribunal des Conflits de
1850, disait : « Cette jurisprudence n'alla pas sans soule-
ver, dans la pratique, des réclamations et des difficultés.
Les parties intéressées et l'administration se plaignirent
de la complication des instances, des lenteurs et des frais
qu'occasionnent le renvoi de toutes les questions d'aptitude aux Tribunaux judiciaires » (1).

Et, à propos de l'arrêt de 1892, M. Romieu, commissaire
du gouvernement, s'exprimait ainsi dans ses conclu-
sions (2) : « En faveur de la compétence administrative,
il y a le plus grand intérêt, au point de vue pratique, à ce
que le même juge statue sur toute la contestation qui lui
est dévolue ; s'il s'agit, en effet, de réclamations portant
sur des sommes modiques, il faut que le Conseil de Préfecture, dont la procédure est sans frais, statue sur le tout
pour éviter aux contribuables les dépenses considérables
d'une instance judiciaire venant se greffer sur la réclamation soumise au Conseil de Préfecture. »

De plus, à supposer même que la contestation porte
directement sur les qualités de chef de famille ou de
domicilié et que, par conséquent, il n'y ait pas de question
préjudicielle à résoudre, dans ce cas encore, la juridiction
administrative est indubitablement avantageuse, en ce
qu'elle supprime les frais d'instance, souvent fort élevés
en matière judiciaire. A ce sujet, Serrigny écrivait déjà
en 1865 : « N'est-ce pas un spectacle déplorable que ces
procès multipliés portés devant les Tribunaux pour réclamer de misérables portions affouagères, dont la valeur
n'égale jamais les frais faits pour les obtenir ? »

(1) Laferrière, I, p. 476.
(2) V. *Pand. Fr.*, rép. 1894, IV, 41. — En note sous l'arrêt du
Conseil d'Etat.

Et Guyétant lui-même rapportait l'exemple de procès d'affouage portés devant la juridiction civile et dont l'intérêt, inférieur à cinquante francs, occasionnait six, huit et quelquefois douze cents francs de frais !

Aussi, ne faut-il pas s'étonner si les partisans eux-mêmes de la compétence judiciaire, effrayés des conséquences fatales auxquelles ils arrivaient, finirent par reconnaître l'utilité incontestable de la compétence administrative. Mais au lieu de modifier leurs théories, ils réclamèrent une intervention législative en ce sens.

En 1850, M. Dalloz disait : « On doit désirer que le législateur intervienne pour soumettre les contestations relatives aux distributions affouagères à une juridiction rapide et peu coûteuse, si l'on ne veut pas que les habitants des communes préfèrent le sacrifice de leurs droits au dispendieux avantage que peut leur procurer le gain d'un procès accompagné de procédures dont presque toujours les frais absorberont au-delà de la valeur de ces droits. » Meaume avait également formulé le même vœu.

Je répondrai avec M. Laferrière : « Cette juridiction rapide et peu coûteuse existe : c'est celle des Conseils de Préfecture. Il n'y a qu'à la laisser fonctionner. »

Il est peu probable, toutefois, que les Tribunaux judiciaires, qui n'ont jamais varié sur ce point, s'inclinent devant la nouvelle jurisprudence du Conseil d'Etat. Cependant, il est à souhaiter que cette jurisprudence s'affirme de plus en plus, car elle est conforme aux vœux des populations affouagères. Les principes du droit, on l'a vu, ne lui sont pas contraires, et elle évite tous les inconvénients pratiques auxquels ne peut échapper la juridiction civile.

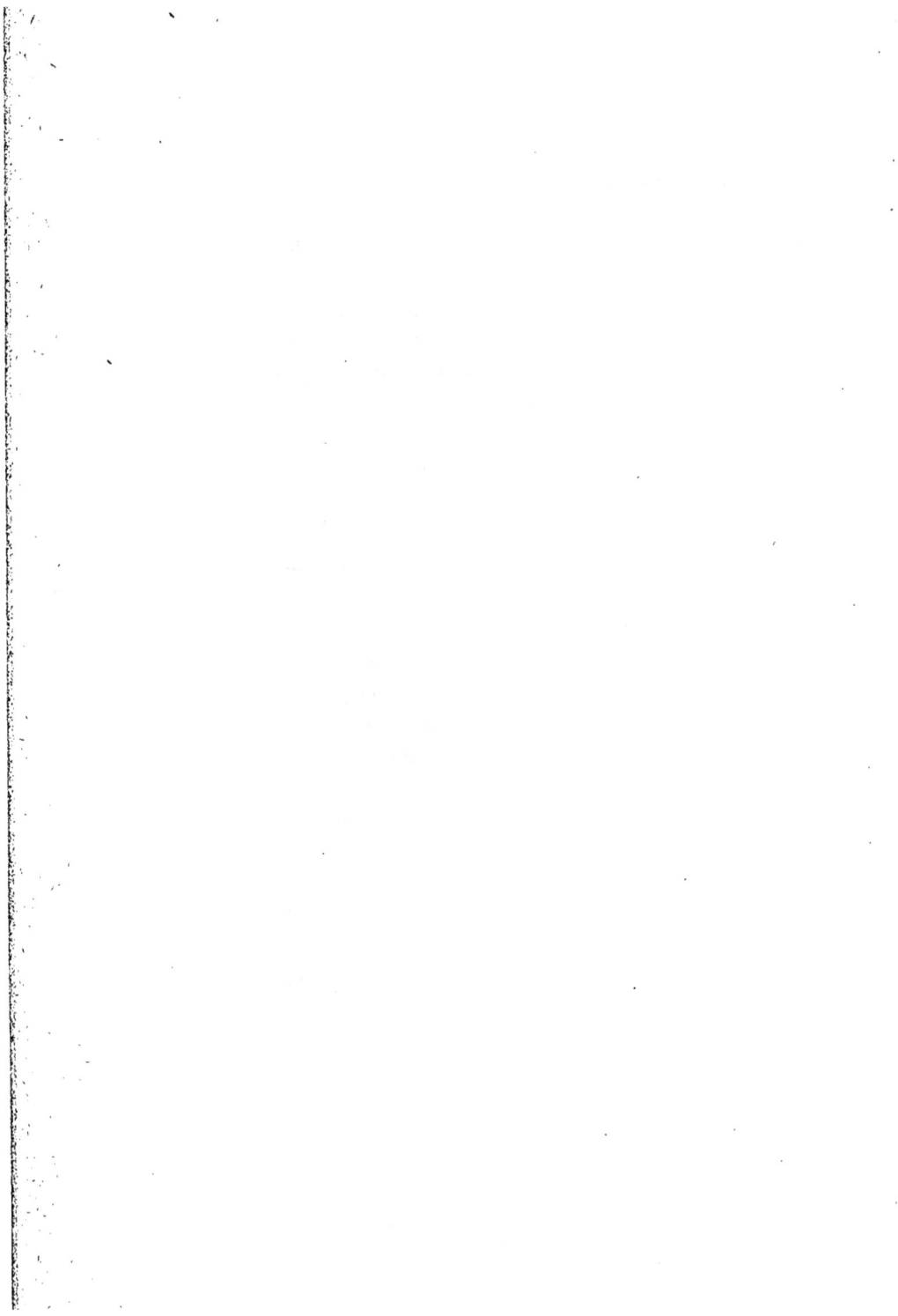

CONCLUSION

Avec l'examen des contestations qui peuvent s'élever en matière du partage de l'affouage, j'ai terminé l'étude de l'art. 105 tel qu'il a été modifié par la loi du 23 novembre 1883. Mais mon œuvre serait incomplète si je ne disais pas quelques mots des réformes qui ont été proposées à ce sujet.

Depuis 1883, en effet, il s'est élevé, dans un certain nombre de communes forestières, et principalement en Franche-Comté, de très vives réclamations au sujet du mode actuel de partage de l'affouage communal. C'est surtout dans le département du Doubs que les plaintes ont été le plus fréquentes ; et depuis la pétition que les municipalités et les habitants du canton de Levier adressaient aux députés du Doubs au lendemain de la promulgation de la loi de 1883, jusqu'à celle que les maires du canton de Pontarlier envoyèrent dans le courant de 1894 au Préfet du Doubs, il ne s'est peut-être pas produit d'année où, dans ce département, la question de la réforme de l'art. 105 du Code forestier n'ait été soulevée (1).

(1) V. *Journal de Pontarlier,* n° du 17 juin 1894.

Mais, ce qui rend stériles toutes ces réclamations, c'est le
défaut d'entente des municipalités sur le sens à donner à
la réforme proposée. Certaines voudraient substituer au
mode actuel le partage par tête ; d'autres le remplacent
au contraire par le partage mixte moitié par tête, moitié
par feu ; d'autres enfin préfèrent le partage par catégories
ou même l'ancien partage par toisé.

Pour mettre fin à ces discussions, M.. Philipon, député
de l'Ain, dans le projet qu'il a présenté à la Chambre en
1892, sur une modification du titre VI du Code forestier (1), a proposé de laisser les communes libres de
choisir en tout ou en partie le partage par feu ou le partage par tête. La proposition n'est pas encore venue en
discussion ; mais aujourd'hui, la question est plus que
jamais à l'ordre du jour et c'est pourquoi je veux examiner brièvement, en terminant, si ces réclamations sont
fondées, si cette réforme est nécessaire ou même utile ?

Tout d'abord, il faut bien remarquer qu'en notre matière, il est impossible d'arriver à poser un principe
parfait ; pour cela, en effet, il faudrait considérer chaque
cas particulier, afin de proportionner la masse des bois à
recueillir avec les besoins relatifs de chaque famille ou
même de chaque individu. On devra donc se contenter
de rechercher quel est le mode de répartition le plus conforme à l'idée juridique et au but de l'affouage.

Le partage par feu, pratiqué en France depuis près d'un
siècle, est en réalité le seul qui soit une conséquence
directe du principe même de l'affouage.

<hr>

(1) Cs. *Journal Officiel*. Séance du 21 novembre 1893. Documents parlementaires. Session extraordinaire de 1893. Chambre, p. 28
et suiv.

Le but de l'affouage communal est, en effet, de fournir aux habitants d'une commune des bois pour réparer leurs maisons ou pour les besoins de leur chauffage.

Or, il est naturel de ne délivrer qu'une part d'affouage par ménage, les réparations de la maison ou les besoins du chauffage étant les mêmes quel que soit le nombre de personnes qui habitent la maison ou qui forment le ménage. Car, dans les villages, la plupart des familles ne possèdent qu'un seul foyer; la consommation de bois n'est pas plus grande si le ménage ne se compose que d'une personne ou de cinq enfants. « Vous me direz, observait M. Chaumontel en 1883, qu'il n'y aura peut-être qu'une personne qui se chauffera matériellement; mais vous ne pouvez pas dire que les autres ne se chaufferont que moralement » (1).

Le partage par feu, tel qu'il est pratiqué aujourd'hui, donne lieu, dit-on, à des difficultés sans nombre et à des procès incessants, quand il s'agit de déterminer le chef de famille ou de maison. Evidemment, c'est une question de fait, à propos de laquelle il est impossible d'établir toujours des règles générales. Le législateur de 1883 a fait tout ce qu'il était possible de faire en cette matière.

En pratique, c'est à l'administration municipale, et surtout en cas de contestation, aux Tribunaux à apprécier si les conditions exigées par la loi se trouvent réunies. Et, si l'on se conformait toujours strictement au texte et à l'esprit de la loi, les procès et les contestations diminueraient sensiblement.

(1) Sénat. Séance du 27 oct. 1883. — *Journ. Offic.*, 28 oct. 1883, p. 1227 et suiv.

Enfin, on a invoqué contre la répartition par feu un argument qui peut avec raison paraître, au premier abord, très bizarre. Le partage par feu favorise, dit-on, exclusivement les célibataires, tandis qu'un mode contraire, le partage par tête, par exemple, viendrait en aide aux grosses familles et entraînerait, par conséquent, un relèvement de la population (1).

Mais il ne me semble pas que l'on doive reconnaître au partage de l'affouage une si grande influence, et d'ailleurs, d'une manière générale, je ne crois pas qu'en donnant des primes ou des bénéfices particuliers aux familles nombreuses, on augmentera le chiffre des naissances. Les principales causes de la dépopulation croissante de la France sont, il faut bien le reconnaître, l'abaissement des mœurs, l'égoïsme et la recherche exagérée du bien-être personnel, et cela, dans toutes les classes de la société. Ce n'est pas une modification de la loi sur l'affouage, pas plus que toutes les mesures inspirées par la même idée, qui pourraient produire une réaction favorable.

...... D'ailleurs, par quel mode voudrait-on remplacer le partage actuel par feu? Est-ce par le partage par tête? Mais, ce mode de répartition dénaturerait complètement l'idée de l'affouage et le rendrait injuste, en en rendant la valeur illusoire par une division à l'infini. Les enfants en bas-âge, les personnes qui vivent en famille autour du même feu en auraient une part, alors que les veuves, les vieillards vivant seuls, les célibataires n'auraient plus une portion suffisante pour satisfaire à leurs besoins personnels (2).

(1) V. *Journal de Pontarlier,* 24 août 1894.
(2) Cs. Rapport de M. CHAUMONTEL au Sénat. Rapport de M. LELIÈVRE.

L'admission du partage par tête, ce serait « le principe révolutionnaire de l'individualité, de l'égoïsme, de la souveraineté personnelle substituée au principe éternel qui fonde et conserve la société, parce qu'il fonde et conserve son origine, la commune, je veux dire au principe de la famille » (1).

Veut-on y substituer, au contraire, le partage mixte, moitié par tête, moitié par feu? Mais, à mon avis, on ne ferait simplement qu'aggraver les inconvénients que peut présenter le système actuel, car on y ajouterait ceux du partage par tête. En effet, les affouagistes auraient toujours intérêt à faire des séparations simulées, et de plus la division de l'affouage qui serait, par conséquent, plus grande que dans le cas précédent, enlèverait à ce bénéfice communal la plus grande partie de son utilité. Enfin, on aboutirait à l'obligation et à la difficulté de faire, chaque année, un double rôle.

Le partage par catégories, qu'avait soutenu Proudhon et que M. le sénateur Oudet a reproduit en 1883 en le modifiant, ne répondrait pas plus que les deux modes précédents au but de l'affouage. Suivant M. Oudet, en effet, « tout feu qui sera composé de plus de trois personnes aura droit à deux portions d'affouage; tout feu qui sera composé de plus de six personnes aura droit à trois portions; les personnes composant ces feux devant d'ailleurs être parentes ou alliées et vivre en commun ». Mais, en réalité, il n'y a aucun motif pour attribuer une portion double à un ménage de quatre personnes, la mère et trois enfants, par exemple, car il n'est pas nécessaire pour chauffer cette famille de mettre dans le foyer une bûche de plus que s'il

(3) LELUT (représentant de la Haute-Saône, 1851), p. 58.

y avait un ou deux enfants. D'ailleurs, soumise à des variations incessantes, la répartition prêterait trop à l'arbitraire pour n'être pas injuste (1).

Enfin, d'une manière générale, à propos d'une réforme, je ne crois pas que des réclamations qui, jusqu'ici, n'ont été que tout à fait isolées et locales suffiraient à déterminer le législateur à modifier le mode de partage actuel que la plupart des communes forestières ont adopté sans difficultés depuis 1806 et qui, dans certaines régions, était antérieur à cette époque.

C'est ce qu'a compris M. Philipon, et dans son projet de réforme, il conserve le principe du partage par feu. Mais, à la suite du premier paragraphe de l'art. 105, il ajoute la phrase suivante : « Toutefois, le Conseil municipal pourra décider que le partage des bois d'affouage aura lieu par tête et non par feu, soit pour la totalité de la coupe, soit pour une partie seulement » (2).

Ce système aboutirait à faire exister concurremment le partage par feu, le partage par tête et le partage mixte. Le régime serait peut-être avantageux en ce sens qu'il pourrait s'inspirer des besoins particuliers de chaque région, mais il entraînerait de nombreux inconvénients.

Il arriverait, en effet, en pratique, que la plupart du temps les municipalités seraient guidées dans le choix d'un mode de partage exclusivement par des motifs d'intérêt personnel ou même par des motifs politiques. D'autre part, comme il n'y aurait plus de principe général, il s'établirait forcément une multitude de modes intermédiaires qui donneraient naissance à des contestations fréquentes

(1) V. Séance du 27 oct. 1883.
(2) Cs. Projet de loi de M. PHILIPON, art. 105.

et au sujet desquelles la jurisprudence ne pourrait établir
aucune règle précise, puisque, suivant les régions ou
même les communes, son appréciation devrait être basée
sur des principes différents.

Aussi, la conséquence à laquelle j'arrive en dernier lieu
est que, pour éviter les difficultés qu'entraînerait un nouveau mode de répartition, difficultés qu'il serait souvent
fort délicat de résoudre, car on n'aurait aucun précédent,
le partage par feu doit être conservé. C'est, en effet, le mode
qui, en pratique, présente le moins d'inconvénients et qui
est le plus conforme à la nature de l'affouage.

..... On me reprochera peut-être, comme au législateur
de 1883, d'avoir discuté à un point de vue exclusivement
théorique et de ne pas tenir compte des transformations de
l'affouage communal. En effet, comme l'avait reconnu M.
Beauquier, l'affouage n'est, en réalité aujourd'hui, qu'un
bénéfice pouvant se traduire en argent. J'ai montré moi-
même comment, dans certaines communes forestières du
Haut-Jura, la vente des bois d'affouage se fait d'une manière générale, et chaque affouagiste ne recueille qu'une
somme d'argent.

Avec ce mode de participation aux produits de la forêt,
le partage par tête s'imposerait, car il n'est plus question
de feu et il serait injuste de répartir ce profit entre les
seuls chefs de famille. Cela est indéniable, mais alors il ne
s'agirait plus d'affouage; ce droit se serait transformé pour
devenir un bénéfice communal ordinaire.

Or, l'affouage communal, droit de percevoir en nature
les produits de la forêt, n'a survécu à la chûte de l'ancien
régime qu'à cause des avantages qu'il procurait aux habitants des campagnes. La distribution en nature disparaissant, l'affouage n'aurait plus de raison d'être. Le bénéfice

devrait alors en rester à la commune, ce qui augmenterait son budget annuel, faciliterait la diminution des impôts, lui permettrait de subvenir aux besoins généraux des habitants peu aisés et de faciliter l'assistance publique dans les campagnes. Les habitants, en réalité, pourraient acheter les bois dont ils ont besoin à la commune, qui les leur cèderait à très bas prix.

Je me résume : ou l'affouage conserve son caractère primordial : la répartition en nature des produits des forêts communales, et, dans ce cas, c'est le partage par feu qui répond le mieux aux besoins des affouagistes et aux intérêts des communes, ou il change de nature et alors sa suppression s'impose.

Peut-être cette transformation constituera-t-elle la dernière phase de l'évolution de l'affouage communal. Mais, dans la situation actuelle, une modification législative ne nous paraît ni nécessaire, ni utile.

Vu : *Le Président de Thèse,*
M. MONGIN.

Vu : *Le Doyen,*
E. BAILLY.

Vu et permis d'imprimer :
Dijon, le 29 mai 1895.
Pour le Recteur en tournée,
L'Inspecteur d'Académie délégué,
A. DESCHAMPS.

TABLE DES MATIÈRES

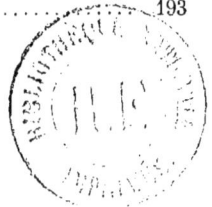

www.ingramcontent.com/pod-product-compliance
Lightning Source LLC
Chambersburg PA
CBHW070528200326
41519CB00013B/2978